第2種衛生管理者試験
法改正情報

■ **安全衛生教育の省略が廃止**（省令 91 号、令和 6 年 4 月 1 日施行）
● **労働安全衛生規則の一部改正**（則 35 条 1 項）

　事業者は、業種を問わず労働者を雇い入れたとき、又は労働者の作業内容を変更したときは、遅滞なく、従事する業務に関する安全又は衛生のための必要な事項について、教育を実施しなければならない（法 59 条 1 項・2 項）。

　そして従来、安衛令 2 条 3 号に掲げる「その他の業種」の労働者には、教育項目の一部の省略が認められてきたが、**令和 6 年 4 月 1 日から廃止**される。なお、「その他の業種」とは、総括安全衛生管理者を選任すべき事業場で、労働災害等の発生が少ないと考えられる「非製造業・非工業的業種」である。

〔参考〕　必要な教育内容（則 35 条 1 項）

①機械等、原材料等の危険性・有害性・取扱い方法
②安全装置、有害物抑制装置、保護具の性能・取扱い
③作業手順　　　④作業開始時の点検
⑤当該業務に関して発生するおそれのある疾病の原因
⑥整理、整頓及び清潔の保持　　　⑦事故時等における応急措置及び退避
⑧その他、業務に関する安全又は衛生のために必要な事項

JN016243

　令和 6 年 3 月末までの雇入れ時の教育では、「その他の業種」の労働者について、上記①～④の事項について省略が認められてきた。これが**令和 6 年 4 月 1 日から廃**止され、以後は**全ての項目**について、**全業種の労働者**が対象となった。なお、事業者は、上記 8 つの事項の全部又は一部に関し十分な知識及び技能を有していると認められる労働者については、当該事項についての教育を省略することができる（則 35 条 2 項）。この改正に伴い、例えば、下記の問題では「令和 6 年 3 月と 4 月」で正解が異なることになるので、注記しておこう。

　雇入れ時の安全衛生教育について、医療業の事業場においては、「作業開始時の点検に関すること」についての教育を省略することができる。

令和 6 年 3 月末までは　→正しい（上記④に該当）

令和 6 年 4 月 1 日以降　→誤り
　　　　　　　　　　（全ての項目について、全業種の労働者に対象となる）

本書の特色

●過去6回の解答解説に太字のキーワード

事業場で常時 50 人以上の労働者を使用する場合、衛生管理者免許を取得した者を労働者数に応じ、一定数以上選任して安全衛生業務のうち衛生にかかわる事項を管理させる必要があります。

免許は第1種と第2種があり、このうち**第2種**は有害業務と関連の薄い**金融・保険業や情報通信業、小売業など**の事業場で衛生管理者となることができます。

本書は、その第2種衛生管理者をめざす人たちが最も効率よく学習できるように、過去6回の本試験問題を掲載、その解答に理解を深めるための詳しい解説を加えました。

受験科目は、**有害業務に係るもの以外の関係法令、労働衛生**と**労働生理**の**3科目**です。関係法令には関連する法令などを解説に掲出して、学習時間の短縮、理解を早めるようにしました。また、各科目の解説には重要な部分やキーワードを太字にして、関連づけや覚える項目を一目で分かるようにしました。

●出題後の法改正に準拠

法改正等により、選択肢の内容の正誤が変わり正答となる肢がなくなるなど、問題として成立しないものには、問題編、解答編ともに、問題番号に★をつけ、正答は出題当時の法律等に基づいた解説をしたのち、（注）以下に、現在の法律に照らし合わせた解説を加えました。

●実際の試験時間で解いてみよう

問題編の最後には、**本試験と同様のマークシートの解答用紙**を用意しました。コピーをして何度でも使えます。正しいものを選ぶ、誤っているものを選ぶなど、問題の中身をしっかりと理解して選択肢から選びましょう。

解答をする際は、実際の試験時間に合わせて問題を解いてみることです。時間が足りなかった場合は何が原因だったのか、なぜ時間がかかったのかなど、自己の実力を把握し問題点も明らかにできるはずです。

また、**解答一覧**がついていますから、答え合わせもスムーズです。間違えた場合には正しい解説をしっかり覚えてください。

繰り返しの解答学習で知識が確かなものになれば、本試験でもあわてることはありません。見覚えのある問題ばかりとなれば、もう「合格」は目の前です。

目　次

試験案内

◆**第2種衛生管理者は「有害業務」を担当できません**

　第2種衛生管理者は、労働安全衛生規則に定められた下記の有害業務に係る業種を担当することができません（有害業務は第1種が担当）。

	第1種	第2種
─────── 有害業務 ─────── 農林畜水産業、鉱業、建設業、製造業（物の加工業を含む。）、電気業、ガス業、水道業、熱供給業、運送業、自動車整備業、機械修理業、医療業、清掃業	○	×
─────── 有害業務以外 ─────── 情報通信業、金融・保険業、広告業など事務的業種、各種商品小売（百貨店等）・卸売業（商社等）、保健衛生・介護事務業種、事業サービス（ビルメンテナンス・警備等）業、接客娯楽（飲食業等）・旅館業、映画・演劇業、教育業など	○	○

1. 試験時期

　毎月1～7回程度（各地域の安全衛生技術センター（問い合わせ先等は別冊P.81に掲載）で回数が異なる）

2. 受験申請書の入手方法

　公益財団法人安全衛生技術試験協会（別冊P.81参照）、各安全衛生技術センター及びセンターホームページ掲載の申請書頒布団体で無料配布されています。

3. 受験申請書の提出先

　各安全衛生技術センター
　受験資格は、安全衛生技術試験協会ホームページで確認してください。

4. 試験科目と時間

1	関係法令（有害業務に係るものを除く）	10問　100点	13:30～
2	労働衛生（有害業務に係るものを除く）	10問　100点	16:30
3	労働生理	10問　100点	（3時間）

＊船員法による衛生管理者適任証書の交付を受けた者で、その後1年以上労働衛生の実務に従事した経験を有するものは「労働生理」の科目が免除される（試験時間は2時間15分）。

5. 出題形式と合格基準

　5肢択一のマークシート方式。科目ごとの得点が40％以上で、かつ、合計点が60％以上あること。

6. 合格後の手続き

　全国共通で「東京労働局　免許証発行センター」が、「郵送」で受け付ける。
＜申請先住所＞〒108-0014　東京都港区芝5-35-2安全衛生総合会館2階
また、「電子申請」によっても申請することができる。

＊この情報は、2023年10月1日現在のものに基づいて編集しています。変更されることがありますので、受験される方は、試験に関する最新情報を（公財）安全衛生技術試験協会の各センター（HPアドレス等は別冊P.81に掲載）等で、**事前に必ずご自身で確認してください。**

過去の出題傾向

　試験問題は、試験実施団体である公益財団法人 安全衛生技術試験協会より、半年ごとにその期間内に実施された1回分が公表されます。その半年間、同じ問題が毎回出題されているわけではありません。

1. 関係法令　過去の出題傾向

上（半期）：1〜6月　　　下（半期）：7〜12月

		R5/上	R4/下	R4/上	R3/下	R3/上	R2/下
安衛法 安衛則	衛生管理体制	○	○	○	○	○	○
	衛生管理者						○
	総括安全衛生管理者		○	○	○	○	
	衛生委員会	○	○		○		
	労働衛生コンサルタント	○					
	産業医	○				○	
	医師による面接指導		○	○			
	衛生基準全般	○	○	○	○	○	
	安全衛生教育				○	○	○
	健康診断全般	○	○			○	
	ストレスチェック	○	○	○	○	○	○
	定期健康診断			○			
	事業者の報告・義務						
労基法	就業規則						
	解雇制限						
	労働時間		○			○	○
	育児時間						○
	変形労働時間制						
	年次有給休暇	○	○	○	○	○	
	割増賃金						
	妊産婦の就業制限・産前産後の休業	○		○	○		
事務所則	事務室の定期点検・測定		○		○		○
	作業環境・機械設備の点検			○			
	事務室の環境基準	○				○	○

2. 労働衛生　過去の出題傾向

上（半期）：1〜6月　　下（半期）：7〜12月

		R5/上	R4/下	R4/上	R3/下	R3/上	R2/下
作業環境	温熱環境・WBGI	○	○	○	○	○	○
	採光・照明			○	○	○	○
	換気量	○	○	○	○		○
	情報機器作業	○				○	○
	労働衛生対策		○				
	快適な職場環境形成の措置				○		
救急処置	感染症		○				
	出血・止血処置					○	○
	食中毒	○	○	○	○	○	○
	一次救命処置						○
管理など	BMI・メタボリックシンドローム	○					
	虚血性心疾患・脳血管障害	○	○				
	健康増進対策・健康測定・検診項目	○					○
	労働衛生管理統計	○	○	○	○	○	
	受動喫煙防止対策	○	○	○	○		
	腰痛予防対策	○		○	○	○	○
	メンタルヘルスケア		○				○
	マネジメントシステム				○	○	

3. 労働生理　過去の出題傾向

上（半期）：1〜6月　　下（半期）：7〜12月

		R5/上	R4/下	R4/上	R3/下	R3/上	R2/下
感覚器系	眼・耳・皮膚等	○	○	○	○	○	○
呼吸器系			○	○	○	○	○
神経系			○	○		○	○
循環器系	心臓・血液	○○	○○	○○	○		○
	免疫・抗体			○			
内分泌系	ホルモン	○			○	○	
蛋白質の分解等			○	○		○	
脂肪					○		
消化器系	栄養素・肝臓	○		○	○	○	○○
排出器系（腎臓・尿）			○	○	○	○	
運動器系	筋肉	○					○
代謝系他	疲労						
	エネルギー	○			○	○	○
その他	体温調節			○	○		○
	正常値				○		
	睡眠		○			○	○
	ストレス	○					

■関係法令■

この分野では、(1) 衛生管理体制、(2) 衛生委員会、(3) 医師による面接指導、(4) 衛生基準全般、(5) 安全衛生教育、(6) 健康診断全般、(7) ストレスチェックなどが出題される。

労働基準法では、(8) 労働時間、女性・妊産婦の労働に関するものが上位である。

(1) 衛生管理体制

ここで重要な点は、「第2種衛生管理者を選任することができる」という誤りの出題が多い。P.3 にもあるが、次の業種は「第2種」が担当できないので、ぜひ覚えてほしい（①〜④は頻出）。

①製造業、②医療（薬）業、③運送業、④清掃業、⑤熱供給業、⑥ガス業

また、選任数（専属、専任も含む）は労働者数別にキッチリ押さえておきたい。衛生管理者の作業場巡視は少なくとも1週間に1回である。

さらに、総括安全衛生管理者の選任、産業医の専属の対象人数を覚えたい。

(2) 衛生委員会

議長を除く委員の**半数**は、労働組合などが推薦した者である。出題では、「衛生管理者は、すべて衛生委員会の委員としなければならない」又は、「全委員は、労働組合又は労働者の過半数を代表する者の推薦」とする**誤り**の問題が頻出している。衛生委員会は労働者常時50人以上で設置義務、毎月1回以上の開催義務がある。

(3) 医師による面接指導

要件の数字を覚える。「1週間40時間を超えた時間が1か月80時間を超えた」場合である。また、「事業者は**遅滞なく**」の用語がキーワード。該当するのは①労働者からの**申出**、②医師からの**意見聴取**の2点である。

(4) 衛生基準全般

施設の気積は「1人につき 10m³ 以上」、男女別休養室・休養所は「合わせて50人以上、又は**女性**が30人以上」だが、数字の正誤が頻繁に問われる。

(5) 安全衛生教育

雇入れ時は事業場の規模・人数にかかわらず行う。出題では「10人未満の事業場では省略可」：誤り、金融業では「作業手順の省略可」：正しい、百貨店など各種商品小売業では「作業開始時の点検に関することは省略不可」：正しい、の正誤が問われる。警備業では「作業開始時の点検、作業手順」は省略OKだ。

なお、以上のように特定の業種で認められていた省略規定に関しては、法改正により令和6年4月1日からは削除され、省略できなくなる予定。

(6) 健康診断全般
①「雇入れ時」に省略できる項目はない。「定期」では、血圧、尿の測定や自覚症状及び他覚症状の検査などは省略できない。

②「定期」「雇入れ時」の医師からの意見聴取は3か月以内。

③ 結果報告は「定期」に限り、「雇入れ時」に義務はない。

(7) ストレスチェック
労働者が常時50人以上の事業場では、**1年以内ごとに1回**、定期に実施し、結果は担当した医師等から労働者に**遅滞なく**通知する。労働者から希望があれば面接を行う。結果の記録は5年間保存。

(8) 労働時間、女性・妊産婦の労働に関するもの
時間外労働・休日労働は、満18歳未満の者・妊産婦（請求した場合）は禁止だが、管理監督の地位にある者には適用されない。

ただし、**深夜業の禁止**は、**管理監督の地位にある妊産婦も適用**される。

フレックスタイム制には、妊産婦に関する保護規制はないこと。また、清算期間は3か月以内であること。

6週間（多胎妊娠は14週間）以内に出産予定の者が請求した場合は、就業させることはできない。

産後8週間を経過しない女性を就業させてはならないが、6週間を経過した女性が請求した場合は、医師が認めた業務に就かせることはできる。

育児時間は、生後満1年に達しない生児を育てる女性労働者が、1日2回、1回あたり少なくとも**30分**、請求することができる。

■労働衛生■
出題頻度の高い必須項目は、(1) 温熱環境、(2) 採光・照明、(3) 換気量、(4) 食中毒、(5) 一次救命処置、(6) 情報機器作業、(7) 出血・止血法、(8) 腰痛予防対策、(9) 虚血性心疾患・脳血管障害などである。

(1) 温熱環境
実効温度、相対湿度、至適温度などの意義が問われ、WBGTでは計算式を埋める問題が出題される。

(2) 採光・照明
①照度は、一般的な事務作業300lx（ルクス）以上、付随的な事務作業150lx以上。②全般照明は、局部照明の1/10以上。③室内は、目の上（壁・天井）は明るく、下は濁色。④前方から明かりを取る場合は、30°以上（目と光源を結ぶ線と視覚の角度）。

(3) 換気量
ここでは、必要換気量の計算式を押さえておく。

$$必要換気量 = \frac{（在室者の）1時間に呼出する CO_2 量 (m^3/h)}{（室内）CO_2 基準濃度 (0.1\%) - （外気）CO_2 濃度 (0.04\%)} \times 100$$

(4) 食中毒

毒素型食中毒はボツリヌス菌、黄色ブドウ球菌が代表的、感染型食中毒はサルモネラ菌、腸炎ビブリオ菌が代表的である。ノロウイルスは単独で出題されることが多いが、手指や食品から経口感染し、ヒトの腸管で増殖しながら嘔吐や下痢、腹痛などを起こす。発生時期は冬季が多いことを押さえよう。

(5) 一次救命処置

①気道確保は後頭部を下げ、あごを上げる。②技術と意思のある者は、**人工呼吸 2 回**に**胸骨圧迫 30 回**を繰り返す。③口対口人工呼吸の 1 回吹き込みは**約 1 秒**で行う。④胸骨圧迫は 1 分間に **100 〜 120 回**のペースで行う。

(6) 情報機器作業

①**書類上及びキーボード上の照度は 300lx 以上**、②一連続作業時間が 1 時間を超えない、合間に **10 〜 15 分**の作業休止時間、③一連続作業時間内で 1 〜 2 回程度の小休止、④ディスプレイは、おおむね **40cm 以上**の視距離とし、画面の上端が眼の高さと同じか、やや下に、が基本的なポイント。数字を頭に入れよう。

(7) 出血・止血法

体内における血液の量は、体重のおよそ **13 分の 1**（約 8%）で、その約 **3 分の 1** を失うと生命に危機が及ぶ。

一般市民が止血法を行う際には、直接圧迫法が基本である。

(8) 腰痛予防対策

①満 18 歳以上の男子が人力のみで取り扱う重量は、体重の約 **40%以下**となるよう努める。②腰部保護ベルトは、一律ではなく**個人毎**に仕様の適否を判断する。③作業姿勢は、椅子に**深く腰掛け**、背もたれで体幹を支え、履物の**足裏全体**が床に接するようにする。

(9) 虚血性心疾患・脳血管障害

①**虚血性心疾患**は、冠動脈の酸素供給不足・酸欠による狭心症（虚血は 15 分程度で治まる）、心筋梗塞（不可逆的な心筋壊死で長時間激しい胸の痛み）がある。

②脳血管障害は、病変により（イ）出血性病変（くも膜下出血、脳出血〔脳実質内に出血〕）、（ロ）虚血性病変（**脳血栓症**：脳血管の動脈硬化、**脳塞栓症**：不整脈により動脈壁等の血栓が剥がれ、脳血管が閉塞）に分かれる。

■労働生理■

(1) 呼吸

吸気は胸郭内容積が増すと、その内容圧が低くなるため空気が肺に流れ込む。

(2) 感覚器系（眼・皮膚など）

網膜では杆状体は**明暗**を、**錐状体は色**を感じる。

遠視眼は、平行光線が網膜の後方で像を結ぶもの、乱視は像が網膜上に正しく結ばないものをいう。

虹彩の後ろにある**水晶体**の厚みを調節することで**焦点距離を調節**し、網膜に像を結ぶようにしている。

皮膚感覚では、痛覚点の密度が他に比べて大きい。

(3) 神経系

自律神経系の中枢は、脳幹及び脊髄にあり、生命維持機能中枢は脳幹を構成する間脳の**視床下部**にある。

消化器系では、**交感神経は運動を抑制**させ、**副交感神経は促進**させる作用がある。

心臓では、交感神経は心拍数を増加、副交感神経は心拍数を減少させる。

情報を伝えたり処理する神経細胞はニューロンと呼ばれ、細胞体から通常1本の軸索 と複数の樹状突起が突き出した形をしている。

(4) 心臓・血液

血液循環を問うものが多い。**肺循環**は、「**右心室**→肺動脈→毛細血管（肺）→肺静脈→左心房」の流れである。

その他、赤血球、白血球、血漿、血小板の構成・役割、凝固現象、ヘマトクリット値（赤血球の相対的容積）などについて出題されている。

(5) 消化器系

栄養素の変化と、その分解にかかわる**酵素**を覚える。

糖は**アミラーゼ**により麦芽糖に、**マルターゼ**によりブドウ糖に変化する。

リパーゼは、消化液（胃液、膵液）に含まれる脂質の消化を行う消化酵素で、リパーゼにより脂肪は脂肪酸、グリセリンに変化する。

蛋白質の消化は、胃から分泌される**ペプシン**によりペプトンになり、十二指腸では**トリプシン**などによりアミノ酸に分解され、小腸で吸収される。アミノ酸から血漿蛋白質の多くは肝臓で合成されることを覚えておく。

(6) 腎臓・尿

①糸球体では「**血球と蛋白質以外の成分**」がろ過され、ボウマン嚢に濾し出されて原尿がつくられる。

②原尿中の**水分**、電解質、**糖**などは尿細管で**血液中に再吸収**される。

(7) 代謝

基礎代謝量は**安静・覚醒時の代謝量**である。エネルギー代謝率（動的筋作業の強度を表す指標）は、作業に要したエネルギー量が基礎代謝量に対して何倍に当たるかを表した率であり、男女、年齢、体格などによる格差がほとんどない。同化、異化の違い、BMI値の計算式も覚えておこう。

第2種衛生管理者試験

令和5年

1月～6月実施分

P.137 の解答用紙をコピーしてお使いください。

答え合わせに便利な解答一覧は、P.138。

第2種衛生管理者試験

試験時間 3 時間(「労働生理」科目の免除者は 2 時間 15 分)

関 係 法 令

問 ❶ 事業場の衛生管理体制に関する次の記述のうち、法令上、誤っているものはどれか。

ただし、衛生管理者の選任の特例はないものとする。

(1) 常時 300 人以上の労働者を使用する各種商品小売業の事業場では、総括安全衛生管理者を選任しなければならない。

(2) 常時 50 人以上の労働者を使用する通信業の事業場では、第二種衛生管理者免許を受けた者のうちから衛生管理者を選任することができる。

(3) 常時 50 人以上の労働者を使用する運送業の事業場では、第二種衛生管理者免許を受けた者のうちから衛生管理者を選任することができる。

(4) 常時 50 人以上の労働者を使用するゴルフ場業の事業場では、第二種衛生管理者免許を有する者のうちから衛生管理者を選任することができる。

(5) 常時 50 人以上の労働者を使用する旅館業の事業場では、第二種衛生管理者免許を有する者のうちから衛生管理者を選任することができる。

産業医に関する次の記述のうち、法令上、誤っているものは
どれか。
　ただし、産業医の選任の特例はないものとする。

（1）　産業医を選任しなければならない事業場は、常時 50 人以上の労働者
　　　を使用する事業場である。

（2）　常時使用する労働者数が 2,000 人を超える事業場では、産業医を 2
　　　人以上選任しなければならない。

（3）　重量物の取扱い等重激な業務に常時 500 人以上の労働者を従事させ
　　　る事業場では、その事業場に専属の産業医を選任しなければならない。

（4）　産業医が、事業者から、毎月 1 回以上、所定の情報の提供を受けてい
　　　る場合であって、事業者の同意を得ているときは、産業医の作業場等
　　　の巡視の頻度を、毎月 1 回以上から 2 か月に 1 回以上にすることが
　　　できる。

（5）　産業医は、労働者に対する衛生教育に関することであって、医学に関
　　　する専門的知識を必要とする事項について、総括安全衛生管理者に対
　　　して勧告することができる。

問 3 衛生委員会に関する次の記述のうち、法令上、誤っているものはどれか。

（1） 衛生委員会の議長を除く委員の半数については、事業場に労働者の過半数で組織する労働組合がないときは、労働者の過半数を代表する者の推薦に基づき指名しなければならない。

（2） 衛生委員会の議長は、原則として、総括安全衛生管理者又は総括安全衛生管理者以外の者で事業場においてその事業の実施を統括管理するもの若しくはこれに準ずる者のうちから事業者が指名した委員がなるものとする。

（3） 事業場に専属ではないが、衛生管理者として選任している労働衛生コンサルタントを、衛生委員会の委員として指名することができる。

（4） 作業環境測定を外部の作業環境測定機関に委託して実施している場合、当該作業環境測定を実施している作業環境測定士を、衛生委員会の委員として指名することができる。

（5） 衛生委員会の付議事項には、長時間にわたる労働による労働者の健康障害の防止を図るための対策の樹立に関することが含まれる。

問 4 労働安全衛生規則に基づく医師による健康診断に関する次の記述のうち、誤っているものはどれか。

（1） 雇入時の健康診断において、医師による健康診断を受けた後3か月を経過しない者が、その健康診断結果を証明する書面を提出したときは、その健康診断の項目に相当する項目を省略することができる。

（2） 雇入時の健康診断の項目のうち、聴力の検査は、1,000Hz及び4,000Hzの音について行わなければならない。

（3） 深夜業を含む業務に常時従事する労働者に対し、6か月以内ごとに1回、定期に、健康診断を行わなければならないが、胸部エックス線検

査については、1年以内ごとに1回、定期に、行うことができる。

（4）定期健康診断を受けた労働者に対し、健康診断を実施した日から3か月以内に、当該健康診断の結果を通知しなければならない。

（5）定期健康診断の結果に基づき健康診断個人票を作成して、これを5年間保存しなければならない。

問 5 　事業場の建築物、施設等に関する措置について、労働安全衛生規則の衛生基準に違反していないものは次のうちどれか。

（1）常時男性35人、女性10人の労働者を使用している事業場で、労働者が臥床することのできる男女別々の休養室又は休養所を設けていない。

（2）常時50人の労働者を就業させている屋内作業場の気積が、設備の占める容積及び床面から4mを超える高さにある空間を除き450m³となっている。

（3）日常行う清掃のほか、毎年1回、12月下旬の平日を大掃除の日と決めて大掃除を行っている。

（4）事業場に附属する食堂の床面積を、食事の際の1人について、0.5m²としている。

（5）労働衛生上の有害業務を有しない事業場において、窓その他の開口部の直接外気に向かって開放することができる部分の面積が、常時床面積の25分の1である屋内作業場に、換気設備を設けていない。

問 6 労働衛生コンサルタントに関する次の記述のうち、法令上、誤っているものはどれか。

（1）労働衛生コンサルタントは、他人の求めに応じ報酬を得て、労働者の衛生の水準の向上を図るため、事業場の衛生についての診断及びこれに基づく指導を行うことを業とする。

（2）労働衛生コンサルタント試験には、保健衛生及び労働衛生工学の2つの区分がある。

（3）労働衛生コンサルタント試験に合格した者は、厚生労働大臣の指定する指定登録機関に備える労働衛生コンサルタント名簿に、氏名、生年月日等所定の事項の登録を受けることにより、労働衛生コンサルタントとなることができる。

（4）労働衛生コンサルタントが、その業務に関して知り得た秘密を漏らし、又は盗用したときは、その登録を取り消されることがある。

（5）労働衛生コンサルタントの診断及び指導を受けた事業者は、その記録を作成して、これを3年間保存しなければならない。

問 7 労働安全衛生法に基づく労働者の心理的な負担の程度を把握するための検査（以下「ストレスチェック」という。）及びその結果等に応じて実施される医師による面接指導に関する次の記述のうち、法令上、正しいものはどれか。

（1）ストレスチェックを受ける労働者について解雇、昇進又は異動に関して直接の権限を持つ監督的地位にある者は、ストレスチェックの実施の事務に従事してはならない。

（2）事業者は、ストレスチェックの結果が、衛生管理者及びストレスチェックを受けた労働者に通知されるようにしなければならない。

（3）面接指導を行う医師として事業者が指名できる医師は、当該事業場の

産業医に限られる。

（4）　面接指導の結果は、健康診断個人票に記載しなければならない。

（5）　事業者は、面接指導の結果に基づき、当該労働者の健康を保持するた
め必要な措置について、面接指導が行われた日から3か月以内に、医
師の意見を聴かなければならない。

 事務室の空気環境の調整に関する次の文中の［　］内に入れ
るA及びBの数値の組合せとして、法令上、正しいものは（1）
〜（5）のうちどれか。

「① 空気調和設備又は機械換気設備を設けている場合は、室に
供給される空気が、1気圧、温度25℃とした場合の当該
空気中に占める二酸化炭素の含有率が100万分の［ A ］
以下となるように、当該設備を調整しなければならない。

② ①の設備により室に流入する空気が、特定の労働者に直接、
継続して及ばないようにし、かつ、室の気流を［ B ］m/s
以下としなければならない。」

	A	B
（1）	1,000	0.3
（2）	1,000	0.5
（3）	2,000	0.3
（4）	2,000	0.5
（5）	2,000	1

問 9 労働基準法に定める妊産婦等に関する次の記述のうち、法令上、誤っているものはどれか。

ただし、常時使用する労働者数が 10 人以上の規模の事業場の場合とし、管理監督者等とは、「監督又は管理の地位にある者等、労働時間、休憩及び休日に関する規定の適用除外者」をいうものとする。

(1) 時間外・休日労働に関する協定を締結し、これを所轄労働基準監督署長に届け出ている場合であっても、妊産婦が請求した場合には、管理監督者等の場合を除き、時間外・休日労働をさせてはならない。

(2) フレックスタイム制を採用している場合であっても、妊産婦が請求した場合には、管理監督者等の場合を除き、1 週 40 時間、1 日 8 時間を超えて労働させてはならない。

(3) 妊産婦が請求した場合には、深夜業をさせてはならない。

(4) 妊娠中の女性が請求した場合においては、他の軽易な業務に転換させなければならない。

(5) 原則として、産後 8 週間を経過しない女性を就業させてはならない。

問 10 週所定労働時間が 25 時間、週所定労働日数が 4 日である労働者であって、雇入れの日から起算して 5 年 6 か月継続勤務したものに対して、その後 1 年間に新たに与えなければならない年次有給休暇日数として、法令上、正しいものは次のうちどれか。

ただし、その労働者はその直前の 1 年間に全労働日の 8 割以上出勤したものとする。

(1) 12 日

(2) 13 日

（3）　14 日

（4）　15 日

（5）　16 日

労　働　衛　生

 問 11　温熱条件に関する次の記述のうち、誤っているものはどれか。

（1）　温度感覚を左右する環境条件は、気温、湿度及びふく射（放射）熱の三つの要素で決まる。

（2）　実効温度は、人の温熱感に基礎を置いた指標で、気温、湿度及び気流の総合効果を温度目盛りで表したものである。

（3）　相対湿度は、乾球温度と湿球温度によって求められる。

（4）　WBGT 基準値は、身体に対する負荷が大きな作業の方が、負荷が小さな作業より小さな値となる。

（5）　WBGT 値がその基準値を超えるおそれのあるときには、冷房などにより WBGT 値を低減すること、代謝率レベルの低い作業に変更することなどの対策が必要である。

問12 一般の事務室における換気に関する次の A から D の記述について、誤っているものの組合せは（1）～（5）のうちどれか。

A 人間の呼気の成分の中で、酸素の濃度は約16%、二酸化炭素の濃度は約4%である。

B 新鮮な外気中の酸素濃度は約21%、二酸化炭素濃度は0.3～0.4%程度である。

C 室内の必要換気量（m^3/h）は、次の式により算出される。

$$\frac{\text{室内にいる人が1時間に呼出する二酸化炭素量（} m^3/h \text{）}}{\text{室内二酸化炭素基準濃度（%）－外気の二酸化炭素濃度（%）}} \times 100$$

D 必要換気量の算出に当たって、室内二酸化炭素基準濃度は、通常、1%とする。

（1）　A，B
（2）　A，C
（3）　B，C
（4）　B，D
（5）　C，D

問13 厚生労働省の「情報機器作業における労働衛生管理のためのガイドライン」に基づく措置に関する次の記述のうち、適切でないものはどれか。

（1）　ディスプレイとの視距離は、おおむね50cmとし、ディスプレイ画面の上端を眼の高さよりもやや下にしている。

（2）　書類上及びキーボード上における照度を400ルクス程度とし、書類及びキーボード面における明るさと周辺の明るさの差はなるべく小さくしている。

（3）　一連続作業時間が1時間を超えないようにし、次の連続作業までの間

に5分の作業休止時間を設け、かつ、一連続作業時間内において2回の小休止を設けている。

（4）　1日の情報機器作業の作業時間が4時間未満である労働者については、自覚症状を訴える者についてのみ、情報機器作業に係る定期健康診断の対象としている。

（5）　情報機器作業に係る定期健康診断において、眼科学的検査と筋骨格系に関する検査のそれぞれの実施日が異なっている。

問 14　健康診断における検査項目に関する次の記述のうち、誤っているものはどれか。

（1）　HDL コレステロールは、善玉コレステロールとも呼ばれ、低値であることは動脈硬化の危険因子となる。

（2）　γ-GTP は、正常な肝細胞に含まれている酵素で、肝細胞が障害を受けると血液中に流れ出し、特にアルコールの摂取で高値を示す特徴がある。

（3）　ヘモグロビン A1c は、血液 1μL 中に含まれるヘモグロビンの数を表す値であり、貧血の有無を調べるために利用される。

（4）　尿素窒素（BUN）は、腎臓から排泄される老廃物の一種で、腎臓の働きが低下すると尿中に排泄されず、血液中の値が高くなる。

（5）　血清トリグリセライド（中性脂肪）は、食後に値が上昇する脂質で、内臓脂肪が蓄積している者において、空腹時にも高値が持続することは動脈硬化の危険因子となる。

厚生労働省の「職場における受動喫煙防止のためのガイドライン」に関する次のAからDの記述について、誤っているものの組合せは（1）～（5）のうちどれか。

A 第一種施設とは、多数の者が利用する施設のうち、学校、病院、国や地方公共団体の行政機関の庁舎等をいい、「原則敷地内禁煙」とされている。

B 一般の事務所や工場は、第二種施設に含まれ、「原則屋内禁煙」とされている。

C 第二種施設においては、特定の時間を禁煙とする時間分煙が認められている。

D たばこの煙の流出を防止するための技術的基準に適合した喫煙専用室においては、食事はしてはならないが、飲料を飲むことは認められている。

（1） A，B
（2） A，C
（3） B，C
（4） B，D
（5） C，D

問 16　労働衛生管理に用いられる統計に関する次の記述のうち、誤っているものはどれか。

（1）　生体から得られたある指標が正規分布である場合、そのばらつきの程度は、平均値や最頻値によって表される。

（2）　集団を比較する場合、調査の対象とした項目のデータの平均値が等しくても分散が異なっていれば、異なった特徴をもつ集団であると評価される。

（3）　健康管理統計において、ある時点での検査における有所見者の割合を有所見率といい、このようなデータを静態データという。

（4）　健康診断において、対象人数、受診者数などのデータを計数データといい、身長、体重などのデータを計量データという。

（5）　ある事象と健康事象との間に、統計上、一方が多いと他方も多いというような相関関係が認められたとしても、それらの間に因果関係があるとは限らない。

問 17　厚生労働省の「職場における腰痛予防対策指針」に基づき、腰部に著しい負担のかかる作業に常時従事する労働者に対して当該作業に配置する際に行う健康診断の項目として、適切でないものは次のうちどれか。

（1）　既往歴及び業務歴の調査

（2）　自覚症状の有無の検査

（3）　負荷心電図検査

（4）　神経学的検査

（5）　脊柱の検査

問 18 脳血管障害及び虚血性心疾患に関する次の記述のうち、誤っているものはどれか。

(1) 虚血性の脳血管障害である脳梗塞は、脳血管自体の動脈硬化性病変による脳血栓症と、心臓や動脈壁の血栓が剥がれて脳血管を閉塞する脳塞栓症に分類される。

(2) くも膜下出血は、通常、脳動脈瘤が破れて数日後、激しい頭痛で発症する。

(3) 虚血性心疾患は、冠動脈による心筋への血液の供給が不足したり途絶えることにより起こる心筋障害である。

(4) 心筋梗塞では、突然激しい胸痛が起こり、「締め付けられるように痛い」、「胸が苦しい」などの症状が、1時間以上続くこともある。

(5) 運動負荷心電図検査は、虚血性心疾患の発見に有用である。

問 19 食中毒に関する次の記述のうち、正しいものはどれか。

(1) 感染型食中毒は、食物に付着した細菌そのものの感染によって起こる食中毒で、サルモネラ菌によるものがある。

(2) 赤身魚などに含まれるヒスチジンが細菌により分解されて生成されるヒスタミンは、加熱調理によって分解する。

(3) エンテロトキシンは、フグ毒の主成分で、手足のしびれや呼吸麻痺を起こす。

(4) カンピロバクターは、カビの産生する毒素で、腹痛や下痢を起こす。

(5) ボツリヌス菌は、缶詰や真空パックなど酸素のない密封食品中でも増殖するが、熱には弱く、60℃、10分間程度の加熱で殺菌することができる。

身長 175cm、体重 80kg、腹囲 88cm の人の BMI に最も近い値は、次のうちどれか。

（1）　21
（2）　26
（3）　29
（4）　37
（5）　40

（次の科目が免除されている受験者は、問21～問30は解答しないでください。）

 　　血液に関する次の記述のうち、誤っているものはどれか。

（1）　血液は、血漿成分と有形成分から成り、血漿成分は血液容積の約55％を占める。
（2）　血漿中の蛋白質のうち、アルブミンは血液の浸透圧の維持に関与している。
（3）　白血球のうち、好中球には、体内に侵入してきた細菌や異物を貪食する働きがある。
（4）　血小板のうち、リンパ球には、Bリンパ球、Tリンパ球などがあり、これらは免疫反応に関与している。
（5）　血液の凝固は、血漿中のフィブリノーゲンがフィブリンに変化し、赤血球などが絡みついて固まる現象である。

問22 心臓及び血液循環に関する次の記述のうち、誤っているものはどれか。

（1） 心拍数は、左心房に存在する洞結節からの電気刺激によってコントロールされている。

（2） 心臓の拍動による動脈圧の変動を末梢の動脈で触知したものを脈拍といい、一般に、手首の橈骨動脈で触知する。

（3） 心臓自体は、大動脈の起始部から出る冠動脈によって酸素や栄養分の供給を受けている。

（4） 肺循環により左心房に戻ってきた血液は、左心室を経て大動脈に入る。

（5） 大動脈を流れる血液は動脈血であるが、肺動脈を流れる血液は静脈血である。

問23 呼吸に関する次の記述のうち、誤っているものはどれか。

（1） 呼吸運動は、横隔膜、肋間筋などの呼吸筋が収縮と弛緩をすることにより行われる。

（2） 胸郭内容積が増し、その内圧が低くなるにつれ、鼻腔、気管などの気道を経て肺内へ流れ込む空気が吸気である。

（3） 肺胞内の空気と肺胞を取り巻く毛細血管中の血液との間で行われるガス交換は、外呼吸である。

（4） 血液中の二酸化炭素濃度が増加すると、呼吸中枢が刺激され、呼吸が速く深くなる。

（5） 呼吸のリズムをコントロールしているのは、間脳の視床下部である。

摂取した食物中の炭水化物（糖質）、脂質及び蛋白質を分解する消化酵素の組合せとして、正しいものは次のうちどれか。

炭水化物（糖質）	脂質	蛋白質
（1）　マルターゼ	リパーゼ	トリプシン
（2）　トリプシン	アミラーゼ	ペプシン
（3）　ペプシン	マルターゼ	トリプシン
（4）　ペプシン	リパーゼ	マルターゼ
（5）　アミラーゼ	トリプシン	リパーゼ

 肝臓の機能として、誤っているものは次のうちどれか。

（1）　コレステロールを合成する。

（2）　尿素を合成する。

（3）　ヘモグロビンを合成する。

（4）　胆汁を生成する。

（5）　グリコーゲンを合成し、及び分解する。

問 26 代謝に関する次の記述のうち、正しいものはどれか。

（1） 代謝において、細胞に取り入れられた体脂肪、グリコーゲンなどが分解されてエネルギーを発生し、ATPが合成されることを同化という。

（2） 代謝において、体内に摂取された栄養素が、種々の化学反応によって、細胞を構成する蛋白質などの生体に必要な物質に合成されることを異化という。

（3） 基礎代謝量は、安静時における心臓の拍動、呼吸、体温保持などに必要な代謝量で、睡眠中の測定値で表される。

（4） エネルギー代謝率は、一定時間中に体内で消費された酸素と排出された二酸化炭素の容積比である。

（5） エネルギー代謝率は、動的筋作業の強度を表すことができるが、精神的作業や静的筋作業には適用できない。

問 27 筋肉に関する次の記述のうち、正しいものはどれか。

（1） 横紋筋は、骨に付着して身体の運動の原動力となる筋肉で意志によって動かすことができるが、平滑筋は、心筋などの内臓に存在する筋肉で意志によって動かすことができない。

（2） 筋肉は神経からの刺激によって収縮するが、神経より疲労しにくい。

（3） 荷物を持ち上げたり、屈伸運動を行うときは、筋肉が長さを変えずに外力に抵抗して筋力を発生させる等尺性収縮が生じている。

（4） 強い力を必要とする運動を続けていると、筋肉を構成する個々の筋線維の太さは変わらないが、その数が増えることによって筋肉が太くなり筋力が増強する。

（5） 刺激に対して意識とは無関係に起こる定型的な反応を反射といい、四

肢の皮膚に熱いものが触れたときなどに、その肢を体幹に近づけるような反射は屈曲反射と呼ばれる。

問 28　耳とその機能に関する次の記述のうち、誤っているものはどれか。

（1）　騒音性難聴は、音を神経に伝達する内耳の聴覚器官の有毛細胞の変性によって起こる。

（2）　耳介で集められた音は、鼓膜を振動させ、その振動は耳小骨によって増幅され、内耳に伝えられる。

（3）　内耳は、前庭、半規管及び蝸牛（うずまき管）の三つの部位からなり、前庭と半規管が平衡感覚、蝸牛が聴覚をそれぞれ分担している。

（4）　前庭は、体の回転の方向や速度を感じ、半規管は、体の傾きの方向や大きさを感じる。

（5）　鼓室は、耳管によって咽頭に通じており、その内圧は外気圧と等しく保たれている。

ストレスに関する次の記述のうち、誤っているものはどれか。

（1） 外部からの刺激であるストレッサーは、その形態や程度にかかわらず、自律神経系と内分泌系を介して、心身の活動を抑圧する。
（2） ストレスに伴う心身の反応には、ノルアドレナリン、アドレナリンなどのカテコールアミンや副腎皮質ホルモンが深く関与している。
（3） 昇進、転勤、配置替えなどがストレスの原因となることがある。
（4） 職場環境における騒音、気温、湿度、悪臭などがストレスの原因となることがある。
（5） ストレスにより、高血圧症、狭心症、十二指腸潰瘍などの疾患が生じることがある。

問30 ヒトのホルモン、その内分泌器官及びそのはたらきの組合せとして、誤っているものは次のうちどれか。

	ホルモン	内分泌器官	はたらき
（1）	ガストリン	胃	胃酸分泌刺激
（2）	アルドステロン	副腎皮質	体液中の塩類バランスの調節
（3）	パラソルモン	副甲状腺	血中のカルシウム量の調節
（4）	コルチゾール	膵臓	血糖量の増加
（5）	副腎皮質刺激ホルモン	下垂体	副腎皮質の活性化

第2種衛生管理者試験

令和4年

7月～12月実施分

関係法令（有害業務に係るもの以外のもの）　第1問～第10問

労働衛生（有害業務に係るもの以外のもの）　第11問～第20問

労働生理　　　　　　　　　　　　　　　　第21問～第30問

解答・解説······························別冊 P.14

P.137の解答用紙をコピーしてお使いください。
答え合わせに便利な解答一覧は、P.139。

第2種衛生管理者試験

試験時間　3時間（「労働生理」科目の免除者は2時間15分）

関 係 法 令

 問1 衛生管理者又は衛生推進者の選任について、法令に違反しているものは次のうちどれか。

ただし、衛生管理者の選任の特例はないものとする。

(1) 常時200人の労働者を使用する医療業の事業場において、衛生工学衛生管理者免許を受けた者のうちから衛生管理者を1人選任している。

(2) 常時200人の労働者を使用する旅館業の事業場において、第二種衛生管理者免許を有する者のうちから衛生管理者を1人選任している。

(3) 常時60人の労働者を使用する電気業の事業場において、第二種衛生管理者免許を有する者のうちから衛生管理者を1人選任している。

(4) 常時600人の労働者を使用する各種商品小売業の事業場において、3人の衛生管理者のうち2人を事業場に専属で第一種衛生管理者免許を有する者のうちから選任し、他の1人を事業場に専属でない労働衛生コンサルタントから選任している。

(5) 常時1,200人の労働者を使用する各種商品卸売業の事業場において、第二種衛生管理者免許を有する者のうちから、衛生管理者を4人選任し、そのうち1人を専任の衛生管理者としているが、他の3人には他の業務を兼務させている。

常時使用する労働者数が 100 人で、次の業種に属する事業場のうち、法令上、総括安全衛生管理者の選任が義務付けられていないものの業種はどれか。

（1）　林業
（2）　清掃業
（3）　燃料小売業
（4）　建設業
（5）　運送業

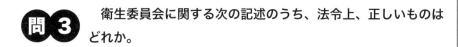

衛生委員会に関する次の記述のうち、法令上、正しいものはどれか。

（1）　衛生委員会の議長は、衛生管理者である委員のうちから、事業者が指名しなければならない。
（2）　産業医のうち衛生委員会の委員として指名することができるのは、当該事業場に専属の産業医に限られる。
（3）　衛生管理者として選任しているが事業場に専属でない労働衛生コンサルタントを、衛生委員会の委員として指名することはできない。
（4）　当該事業場の労働者で、作業環境測定を実施している作業環境測定士を衛生委員会の委員として指名することができる。
（5）　衛生委員会は、毎月1回以上開催するようにし、議事で重要なものに係る記録を作成して、これを5年間保存しなければならない。

労働安全衛生規則に基づく医師による健康診断に関する次の記述のうち、誤っているものはどれか。

（1） 深夜業を含む業務に常時従事する労働者に対し、6か月以内ごとに1回、定期に、健康診断を行わなければならないが、胸部エックス線検査については、1年以内ごとに1回、定期に、行うことができる。

（2） 雇入時の健康診断の項目のうち、聴力の検査は、1,000Hz及び4,000Hzの音について行わなければならない。

（3） 雇入時の健康診断において、医師による健康診断を受けた後3か月を経過しない者が、その健康診断結果を証明する書面を提出したときは、その健康診断の項目に相当する項目を省略することができる。

（4） 定期健康診断を受けた労働者に対し、健康診断を実施した日から3か月以内に、当該健康診断の結果を通知しなければならない。

（5） 定期健康診断の結果に基づき健康診断個人票を作成して、これを5年間保存しなければならない。

労働時間の状況等が一定の要件に該当する労働者に対して、法令により実施することが義務付けられている医師による面接指導に関する次の記述のうち、正しいものはどれか。

　　　ただし、新たな技術、商品又は役務の研究開発に係る業務に従事する者及び高度プロフェッショナル制度の対象者はいないものとする。

（1）　面接指導の対象となる労働者の要件は、原則として、休憩時間を除き1週間当たり40時間を超えて労働させた場合におけるその超えた時間が1か月当たり80時間を超え、かつ、疲労の蓄積が認められる者であることとする。

（2）　事業者は、面接指導を実施するため、タイムカードによる記録等の客観的な方法その他の適切な方法により、監督又は管理の地位にある者を除き、労働者の労働時間の状況を把握しなければならない。

（3）　面接指導を行う医師として事業者が指定することのできる医師は、当該事業場の産業医に限られる。

（4）　事業者は、面接指導の対象となる労働者の要件に該当する労働者から面接指導を受ける旨の申出があったときは、申出の日から3か月以内に、面接指導を行わなければならない。

（5）　事業者は、面接指導の結果に基づき、当該面接指導の結果の記録を作成して、これを3年間保存しなければならない。

問 6 事務室の設備の定期的な点検等に関する次の記述のうち、法令上、正しいものはどれか。

（1） 機械による換気のための設備については、3か月以内ごとに1回、定期に、異常の有無を点検しなければならない。

（2） 燃焼器具を使用するときは、発熱量が著しく少ないものを除き、1か月以内ごとに1回、定期に、異常の有無を点検しなければならない。

（3） 空気調和設備内に設けられた排水受けについては、原則として、2か月以内ごとに1回、定期に、その汚れ及び閉塞の状況を点検しなければならない。

（4） 空気調和設備の加湿装置については、原則として、2か月以内ごとに1回、定期に、その汚れの状況を点検しなければならない。

（5） 空気調和設備の冷却塔及び冷却水については、原則として、1か月以内ごとに1回、定期に、その汚れの状況を点検し、必要に応じ、その清掃及び換水等を行わなければならない。

労働安全衛生法に基づく心理的な負担の程度を把握するための検査について、医師及び保健師以外の検査の実施者として、次の A から D の者のうち正しいものの組合せは（1）〜（5）のうちどれか。

ただし、実施者は、法定の研修を修了した者とする。

A　公認心理師

B　歯科医師

C　衛生管理者

D　産業カウンセラー

（1）　A，B

（2）　A，D

（3）　B，C

（4）　B，D

（5）　C，D

問 8 事業場の建築物、施設等に関する措置について、労働安全衛生規則の衛生基準に違反していないものは次のうちどれか。

（1） 常時男性 5 人及び女性 35 人の労働者を使用している事業場で、男女共用の休憩室のほかに、女性用の臥床することのできる休養室を設けているが、男性用の休養室や休養所は設けていない。

（2） 60 人の労働者を常時就業させている屋内作業場の気積を、設備の占める容積及び床面から 3m を超える高さにある空間を除き 600m³ としている。

（3） 労働衛生上の有害業務を有しない事業場において、窓その他の開口部の直接外気に向かって開放することができる部分の面積が、常時床面積の 25 分の 1 である屋内作業場に、換気設備を設けていない。

（4） 事業場に附属する食堂の床面積を、食事の際の 1 人について、0.8m² としている。

（5） 日常行う清掃のほか、1 年以内ごとに 1 回、定期に、統一的に大掃除を行っている。

問9 労働基準法における労働時間等に関する次の記述のうち、正しいものはどれか。

(1) 1日8時間を超えて労働させることができるのは、時間外労働の協定を締結し、これを所轄労働基準監督署長に届け出た場合に限られている。

(2) 労働時間が8時間を超える場合においては、少なくとも45分の休憩時間を労働時間の途中に与えなければならない。

(3) 機密の事務を取り扱う労働者に対する労働時間に関する規定の適用の除外については、所轄労働基準監督署長の許可を受けなければならない。

(4) フレックスタイム制の清算期間は、3か月以内の期間に限られる。

(5) 満20歳未満の者については、時間外・休日労働をさせることはできない。

問10 週所定労働時間が25時間、週所定労働日数が4日である労働者であって、雇入れの日から起算して4年6か月継続勤務したものに対して、その後1年間に新たに与えなければならない年次有給休暇日数として、法令上、正しいものは次のうちどれか。

　　ただし、その労働者はその直前の1年間に全労働日の8割以上出勤したものとする。

(1) 9日
(2) 10日
(3) 11日
(4) 12日
(5) 13日

問11 室内に 11 人の人が入っている事務室において、二酸化炭素濃度を 1,000ppm 以下に保つために最小限必要な換気量（m³/h）に最も近いものは次のうちどれか。

ただし、外気の二酸化炭素濃度を 400ppm、室内にいる人の 1 人当たりの呼出二酸化炭素量を 0.02m³/h とする。

（1）　19m³/h
（2）　37m³/h
（3）　190m³/h
（4）　370m³/h
（5）　740m³/h

問12 温熱条件に関する次の記述のうち、誤っているものはどれか。

（1）　温度感覚を左右する環境条件は、気温、湿度及びふく射（放射）熱の三つの要素で決まる。
（2）　熱中症はⅠ度からⅢ度までに分類され、このうちⅢ度が最も重症である。
（3）　WBGT は、暑熱環境による熱ストレスの評価に用いられる指標で、日射がない場合は、自然湿球温度と黒球温度の測定値から算出される。
（4）　WBGT 基準値は、暑熱順化者に用いる値の方が、暑熱非順化者に用いる値より大きな値となる。
（5）　相対湿度とは、空気中の水蒸気圧とその温度における飽和水蒸気圧との比を百分率で示したものである。

労働衛生対策を進めるに当たっては、作業環境管理、作業管理及び健康管理が必要であるが、次の A から E の対策例について、作業管理に該当するものの組合せは（1）〜（5）のうちどれか。

A　座位での情報機器作業における作業姿勢は、椅子に深く腰をかけて背もたれに背を十分あて、履き物の足裏全体が床に接した姿勢を基本とする。

B　情報機器作業において、書類上及びキーボード上における照度を400 ルクス程度とする。

C　高温多湿作業場所において労働者を作業に従事させる場合には、計画的に、暑熱順化期間を設ける。

D　空気調和設備を設け、事務室内の気温を調節する。

E　介護作業等腰部に著しい負担のかかる作業に従事する労働者に対し、腰痛予防体操を実施させる。

（1）　A, B
（2）　A, C
（3）　B, E
（4）　C, D
（5）　D, E

厚生労働省の「労働者の心の健康の保持増進のための指針」に基づくメンタルヘルス対策に関する次のAからDの記述について、誤っているものの組合せは（1）〜（5）のうちどれか。

A　メンタルヘルスケアを中長期的視点に立って継続的かつ計画的に行うため策定する「心の健康づくり計画」は、各事業場における労働安全衛生に関する計画の中に位置付けることが望ましい。

B　「心の健康づくり計画」の策定に当たっては、プライバシー保護の観点から、衛生委員会や安全衛生委員会での調査審議は避ける。

C　「セルフケア」、「家族によるケア」、「ラインによるケア」及び「事業場外資源によるケア」の四つのケアを効果的に推進する。

D　「セルフケア」とは、労働者自身がストレスや心の健康について理解し、自らのストレスを予防、軽減する、又はこれに対処することである。

（1）　A, B
（2）　A, C
（3）　A, D
（4）　B, C
（5）　C, D

厚生労働省の「職場における受動喫煙防止のためのガイドライン」において、「喫煙専用室」を設置する場合に満たすべき事項として定められていないものは、次のうちどれか。

（1）　喫煙専用室の出入口において、室外から室内に流入する空気の気流が、0.2m/s 以上であること。

（2）　喫煙専用室の出入口における室外から室内に流入する空気の気流について、6か月以内ごとに1回、定期に測定すること。

（3）　喫煙専用室のたばこの煙が室内から室外に流出しないよう、喫煙専用室は、壁、天井等によって区画されていること。

（4）　喫煙専用室のたばこの煙が屋外又は外部の場所に排気されていること。

（5）　喫煙専用室の出入口の見やすい箇所に必要事項を記載した標識を掲示すること。

問16　労働衛生管理に用いられる統計に関する次の記述のうち、誤っているものはどれか。

（1）　生体から得られたある指標が正規分布である場合、そのばらつきの程度は、平均値及び中央値によって表される。

（2）　集団を比較する場合、調査の対象とした項目のデータの平均値が等しくても分散が異なっていれば、異なった特徴をもつ集団であると評価される。

（3）　健康管理統計において、ある時点での集団に関するデータを静態データといい、「有所見率」は静態データの一つである。

（4）　ある事象と健康事象との間に、統計上、一方が多いと他方も多いというような相関関係が認められたとしても、それらの間に因果関係があるとは限らない。

（5）　健康診断において、対象人数、受診者数などのデータを計数データといい、身長、体重などのデータを計量データという。

問⑰ 脳血管障害及び虚血性心疾患に関する次の記述のうち、誤っているものはどれか。

（1） 出血性の脳血管障害は、脳表面のくも膜下腔に出血するくも膜下出血、脳実質内に出血する脳出血などに分類される。

（2） 虚血性の脳血管障害である脳梗塞は、脳血管自体の動脈硬化性病変による脳塞栓症と、心臓や動脈壁の血栓が剥がれて脳血管を閉塞する脳血栓症に分類される。

（3） 高血圧性脳症は、急激な血圧上昇が誘因となって、脳が腫脹する病気で、頭痛、悪心、嘔吐、意識障害、視力障害、けいれんなどの症状がみられる。

（4） 虚血性心疾患は、心筋の一部分に可逆的な虚血が起こる狭心症と、不可逆的な心筋壊死が起こる心筋梗塞とに大別される。

（5） 運動負荷心電図検査は、虚血性心疾患の発見に有用である。

問⑱ 食中毒に関する次の記述のうち、誤っているものはどれか。

（1） 黄色ブドウ球菌による食中毒は、食品に付着した菌が食品中で増殖した際に生じる毒素により発症する。

（2） サルモネラ菌による食中毒は、鶏卵が原因となることがある。

（3） 腸炎ビブリオ菌は、熱に強い。

（4） ボツリヌス菌は、缶詰、真空パック食品など酸素のない食品中で増殖して毒性の強い神経毒を産生し、筋肉の麻痺症状を起こす。

（5） ノロウイルスの失活化には、煮沸消毒又は塩素系の消毒剤が効果的である。

問 19　　感染症に関する次の記述のうち、誤っているものはどれか。

（1）　人間の抵抗力が低下した場合は、通常、多くの人には影響を及ぼさない病原体が病気を発症させることがあり、これを日和見感染という。

（2）　感染が成立しているが、症状が現れない状態が継続することを不顕性感染という。

（3）　感染が成立し、症状が現れるまでの人をキャリアといい、感染したことに気付かずに病原体をばらまく感染源になることがある。

（4）　感染源の人が咳やくしゃみをして、唾液などに混じった病原体が飛散することにより感染することを空気感染といい、インフルエンザや普通感冒の代表的な感染経路である。

（5）　インフルエンザウイルスにはＡ型、Ｂ型及びＣ型の三つの型があるが、流行の原因となるのは、主として、Ａ型及びＢ型である。

令和4年7月〜12月実施分　問題

厚生労働省の「事業場における労働者の健康保持増進のための指針」に基づく健康保持増進対策に関する次の記述のうち、適切でないものはどれか。

（1）　健康保持増進対策の推進に当たっては、事業者が労働者等の意見を聴きつつ事業場の実態に即した取組を行うため、労使、産業医、衛生管理者等で構成される衛生委員会等を活用する。

（2）　健康測定の結果に基づき行う健康指導には、運動指導、メンタルヘルスケア、栄養指導、口腔保健指導、保健指導が含まれる。

（3）　健康保持増進措置は、主に生活習慣上の課題を有する労働者の健康状態の改善を目指すために個々の労働者に対して実施するものと、事業場全体の健康状態の改善や健康増進に係る取組の活性化等、生活習慣上の課題の有無に関わらず労働者を集団として捉えて実施するものがある。

（4）　健康保持増進に関する課題の把握や目標の設定等においては、労働者の健康状態等を客観的に把握できる数値を活用することが望ましい。

（5）　健康測定とは、健康指導を行うために実施される調査、測定等のことをいい、疾病の早期発見に重点をおいた健康診断の各項目の結果を健康測定に活用することはできない。

（次の科目が免除されている受験者は、問21〜問30は解答しないでください。）

 呼吸に関する次の記述のうち、正しいものはどれか。

（1）　呼吸は、胸膜が運動することで胸腔内の圧力を変化させ、肺を受動的に伸縮させることにより行われる。

（2）　肺胞内の空気と肺胞を取り巻く毛細血管中の血液との間で行われるガ

ス交換は、内呼吸である。

（3）　成人の呼吸数は、通常、1分間に16～20回であるが、食事、入浴、発熱などによって増加する。

（4）　チェーンストークス呼吸とは、肺機能の低下により呼吸数が増加した状態をいい、喫煙が原因となることが多い。

（5）　身体活動時には、血液中の窒素分圧の上昇により呼吸中枢が刺激され、1回換気量及び呼吸数が増加する。

問22 心臓及び血液循環に関する次の記述のうち、誤っているものはどれか。

（1）　心臓は、自律神経の中枢で発生した刺激が刺激伝導系を介して心筋に伝わることにより、規則正しく収縮と拡張を繰り返す。

（2）　肺循環により左心房に戻ってきた血液は、左心室を経て大動脈に入る。

（3）　大動脈を流れる血液は動脈血であるが、肺動脈を流れる血液は静脈血である。

（4）　心臓の拍動による動脈圧の変動を末梢の動脈で触知したものを脈拍といい、一般に、手首の橈骨動脈で触知する。

（5）　心臓自体は、大動脈の起始部から出る冠動脈によって酸素や栄養分の供給を受けている。

問 23 下の図は、脳などの正中縦断面であるが、図中に ▢ で示す A から E の部位に関する次の記述のうち、誤っているものはどれか。

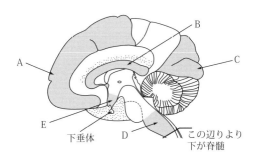

（1） A は、大脳皮質の前頭葉で、運動機能中枢、運動性言語中枢及び精神機能中枢がある。

（2） B は、小脳で、体の平衡を保つ中枢がある。

（3） C は、大脳皮質の後頭葉で、視覚中枢がある。

（4） D は、延髄で、呼吸運動、循環器官・消化器官の働きなど、生命維持に重要な機能の中枢がある。

（5） E は、間脳の視床下部で、自律神経系の中枢がある。

問 24 摂取した食物中の炭水化物（糖質）、脂質及び蛋白質を分解する消化酵素の組合せとして、正しいものは次のうちどれか。

	炭水化物（糖質）	脂質	蛋白質
（1）	マルターゼ	リパーゼ	トリプシン
（2）	トリプシン	アミラーゼ	ペプシン
（3）	ペプシン	マルターゼ	トリプシン
（4）	ペプシン	リパーゼ	マルターゼ
（5）	アミラーゼ	トリプシン	リパーゼ

問 25　腎臓・泌尿器系に関する次の記述のうち、誤っているものはどれか。

（1）　糸球体では、血液中の蛋白質以外の血漿成分がボウマン嚢に濾し出され、原尿が生成される。

（2）　尿細管では、原尿に含まれる大部分の水分、電解質、栄養分などが血液中に再吸収される。

（3）　尿の生成・排出により、体内の水分の量やナトリウムなどの電解質の濃度を調節するとともに、生命活動によって生じた不要な物質を排出する。

（4）　尿の約 95％は水分で、約 5％が固形物であるが、その成分は全身の健康状態をよく反映するので、尿検査は健康診断などで広く行われている。

（5）　血液中の尿素窒素（BUN）の値が低くなる場合は、腎臓の機能の低下が考えられる。

問 26　血液に関する次の記述のうち、誤っているものはどれか。

（1）　血液は、血漿と有形成分から成り、有形成分は赤血球、白血球及び血小板から成る。

（2）　血漿中の蛋白質のうち、グロブリンは血液浸透圧の維持に関与し、アルブミンは免疫物質の抗体を含む。

（3）　血液中に占める血球（主に赤血球）の容積の割合をヘマトクリットといい、男性で約 45％、女性で約 40％である。

（4）　血液の凝固は、血漿中のフィブリノーゲンがフィブリンに変化し、赤血球などが絡みついて固まる現象である。

（5）　ABO 式血液型は、赤血球の血液型分類の一つで、A 型の血清は抗 B 抗体を持つ。

問 27　感覚又は感覚器に関する次の記述のうち、誤っているものはどれか。

（1）　眼軸が短過ぎるために、平行光線が網膜の後方で像を結ぶものを遠視という。
（2）　嗅覚と味覚は化学感覚ともいわれ、物質の化学的性質を認知する感覚である。
（3）　温度感覚は、皮膚のほか口腔などの粘膜にも存在し、一般に温覚の方が冷覚よりも鋭敏である。
（4）　深部感覚は、筋肉や腱にある受容器から得られる身体各部の位置、運動などを認識する感覚である。
（5）　中耳にある鼓室は、耳管によって咽頭に通じており、その内圧は外気圧と等しく保たれている。

問 28　免疫に関する次の記述のうち、誤っているものはどれか。

（1）　抗原とは、免疫に関係する細胞によって異物として認識される物質のことである。
（2）　抗原となる物質には、蛋白質、糖質などがある。
（3）　抗原に対する免疫が、逆に、人体の組織や細胞に傷害を与えてしまうことをアレルギーといい、主なアレルギー性疾患としては、気管支ぜんそく、アトピー性皮膚炎などがある。
（4）　免疫の機能が失われたり低下したりすることを免疫不全といい、免疫不全になると、感染症にかかりやすくなったり、がんに罹患しやすくなったりする。
（5）　免疫には、リンパ球が産生する抗体によって病原体を攻撃する細胞性免疫と、リンパ球などが直接に病原体などを取り込んで排除する体液

性免疫の二つがある。

 筋肉に関する次の記述のうち、正しいものはどれか。

（1）　横紋筋は、骨に付着して身体の運動の原動力となる筋肉で意志によって動かすことができるが、平滑筋は、心筋などの内臓に存在する筋肉で意志によって動かすことができない。

（2）　筋肉は神経からの刺激によって収縮するが、神経より疲労しにくい。

（3）　荷物を持ち上げたり、屈伸運動を行うときは、筋肉が長さを変えずに外力に抵抗して筋力を発生させる等尺性収縮が生じている。

（4）　強い力を必要とする運動を続けていると、筋肉を構成する個々の筋線維の太さは変わらないが、その数が増えることによって筋肉が太くなり筋力が増強する。

（5）　筋肉自体が収縮して出す最大筋力は、筋肉の断面積 1cm² 当たりの平均値をとると、性差、年齢差がほとんどない。

問 30　睡眠に関する次の記述のうち、誤っているものはどれか

（1）　入眠の直後にはノンレム睡眠が生じ、これが不十分な時には、日中に眠気を催しやすい。

（2）　副交感神経系は、身体の機能を回復に向けて働く神経系で、休息や睡眠状態で活動が高まり、心拍数を減少し、消化管の運動を亢進する。

（3）　睡眠と覚醒のリズムは、体内時計により約1日の周期に調節されており、体内時計の周期を外界の24時間周期に適切に同調させることができないために生じる睡眠の障害を、概日リズム睡眠障害という。

（4）　睡眠と食事は深く関係しているため、就寝直前の過食は、肥満のほか不眠を招くことになる。

（5）　脳下垂体から分泌されるセクレチンは、夜間に分泌が上昇するホルモンで、睡眠と覚醒のリズムの調節に関与している。

第2種衛生管理者試験

令和4年

1月～6月実施分

P.137 の解答用紙をコピーしてお使いください。

答え合わせに便利な解答一覧は、P.140。

第2種衛生管理者試験

試験時間　3時間（「労働生理」科目の免除者は2時間15分）

関 係 法 令

問1 事業場の衛生管理体制に関する次の記述のうち、法令上、誤っているものはどれか。ただし、衛生管理者の選任の特例はないものとする。

（1） 常時200人以上の労働者を使用する各種商品小売業の事業場では、総括安全衛生管理者を選任しなければならない。

（2） 常時1,000人を超え2,000人以下の労働者を使用する事業場では、4人以上の衛生管理者を選任しなければならない。

（3） 常時50人以上の労働者を使用する燃料小売業の事業場では、第二種衛生管理者免許を受けた者のうちから衛生管理者を選任することができる。

（4） 2人以上の衛生管理者を選任する場合、そのうち1人についてはその事業場に専属でない労働衛生コンサルタントのうちから選任することができる。

（5） 衛生管理者を選任したときは、遅滞なく、法定の様式による報告書を、所轄労働基準監督署長に提出しなければならない。

総括安全衛生管理者に関する次の記述のうち、法令上、誤っているものはどれか。

(1) 総括安全衛生管理者は、事業場においてその事業の実施を統括管理する者又はこれに準ずる者を充てなければならない。

(2) 都道府県労働局長は、労働災害を防止するため必要があると認めるときは、総括安全衛生管理者の業務の執行について事業者に勧告することができる。

(3) 総括安全衛生管理者は、選任すべき事由が発生した日から14日以内に選任しなければならない。

(4) 総括安全衛生管理者を選任したときは、遅滞なく、選任報告書を、所轄労働基準監督署長に提出しなければならない。

(5) 危険性又は有害性等の調査及びその結果に基づき講ずる措置に関することは、総括安全衛生管理者が統括管理する業務のうちの一つである。

産業医に関する次の記述のうち、法令上、誤っているものはどれか。ただし、産業医の選任の特例はないものとする。

（1） 常時使用する労働者数が50人以上の事業場において、厚生労働大臣の指定する者が行う産業医研修の修了者等の所定の要件を備えた医師であっても、当該事業場においてその事業の実施を統括管理する者は、産業医として選任することはできない。

（2） 産業医が、事業者から、毎月1回以上、所定の情報の提供を受けている場合であって、事業者の同意を得ているときは、産業医の作業場等の巡視の頻度を、毎月1回以上から2か月に1回以上にすることができる。

（3） 事業者は、産業医が辞任したとき又は産業医を解任したときは、遅滞なく、その旨及びその理由を衛生委員会又は安全衛生委員会に報告しなければならない。

（4） 事業者は、専属の産業医が旅行、疾病、事故その他やむを得ない事由によって職務を行うことができないときは、代理者を選任しなければならない。

（5） 事業者が産業医に付与すべき権限には、労働者の健康管理等を実施するために必要な情報を労働者から収集することが含まれる。

問4 労働安全衛生規則に基づく次の定期健康診断項目のうち、厚生労働大臣が定める基準に基づき、医師が必要でないと認めるときは、省略することができる項目に該当しないものはどれか。

（1） 自覚症状の有無の検査
（2） 腹囲の検査
（3） 胸部エックス線検査
（4） 心電図検査
（5） 血中脂質検査

労働時間の状況等が一定の要件に該当する労働者に対して、法令により実施することが義務付けられている医師による面接指導に関する次の記述のうち、正しいものはどれか。ただし、新たな技術、商品又は役務の研究開発に係る業務に従事する者及び高度プロフェッショナル制度の対象者はいないものとする。

（1） 面接指導の対象となる労働者の要件は、原則として、休憩時間を除き1週間当たり40時間を超えて労働させた場合におけるその超えた時間が1か月当たり100時間を超え、かつ、疲労の蓄積が認められる者であることとする。

（2） 事業者は、面接指導を実施するため、タイムカードによる記録等の客観的な方法その他の適切な方法により、労働者の労働時間の状況を把握しなければならない。

（3） 面接指導の結果は、健康診断個人票に記載しなければならない。

（4） 事業者は、面接指導の結果に基づき、労働者の健康を保持するために必要な措置について、原則として、面接指導が行われた日から3か月以内に、医師の意見を聴かなければならない。

（5） 事業者は、面接指導の結果に基づき、当該面接指導の結果の記録を作成して、これを3年間保存しなければならない。

労働安全衛生法に基づく心理的な負担の程度を把握するための検査について、医師及び保健師以外の検査の実施者として、次のAからDの者のうち正しいものの組合せは（1）～（5）のうちどれか。ただし、実施者は、法定の研修を修了した者とする。

A　歯科医師
B　労働衛生コンサルタント
C　衛生管理者
D　公認心理師

（1）　A，B
（2）　A，D
（3）　B，C
（4）　B，D
（5）　C，D

問7 事務室の空気環境の測定、設備の点検等に関する次の記述のうち、法令上、誤っているものはどれか。

（1）　中央管理方式の空気調和設備を設けた建築物内の事務室については、空気中の一酸化炭素及び二酸化炭素の含有率を、6か月以内ごとに1回、定期に、測定しなければならない。
（2）　事務室の建築、大規模の修繕又は大規模の模様替を行ったときは、その事務室における空気中のホルムアルデヒドの濃度を、その事務室の使用を開始した日以後所定の時期に1回、測定しなければならない。
（3）　燃焼器具を使用するときは、発熱量が著しく少ないものを除き、毎日、異常の有無を点検しなければならない。
（4）　事務室において使用する機械による換気のための設備については、2

か月以内ごとに１回、定期に、異常の有無を点検しなければならない。

（５） 空気調和設備内に設けられた排水受けについては、原則として、１か
月以内ごとに１回、定期に、その汚れ及び閉塞の状況を点検しなけれ
ばならない。

問8　ある屋内作業場の床面から 4m をこえない部分の容積が 150m³ であり、かつ、このうちの設備の占める部分の容積が 55m³ であるとき、法令上、常時就業させることのできる最大の労働者数は次のうちどれか。

（１）　4 人

（２）　9 人

（３）　10 人

（４）　15 人

（５）　19 人

問 9 労働基準法に定める妊産婦等に関する次の記述のうち、法令上、誤っているものはどれか。ただし、常時使用する労働者数が 10 人以上の規模の事業場の場合とし、管理監督者等とは、「監督又は管理の地位にある者等、労働時間、休憩及び休日に関する規定の適用除外者」をいうものとする。

(1) 時間外・休日労働に関する協定を締結し、これを所轄労働基準監督署長に届け出ている場合であっても、妊産婦が請求した場合には、管理監督者等の場合を除き、時間外・休日労働をさせてはならない。

(2) 1 か月単位の変形労働時間制を採用している場合であっても、妊産婦が請求した場合には、管理監督者等の場合を除き、1 週 40 時間、1 日 8 時間を超えて労働させてはならない。

(3) 1 年単位の変形労働時間制を採用している場合であっても、妊産婦が請求した場合には、管理監督者等の場合を除き、1 週 40 時間、1 日 8 時間を超えて労働させてはならない。

(4) 妊娠中の女性が請求した場合には、管理監督者等の場合を除き、他の軽易な業務に転換させなければならない。

(5) 生理日の就業が著しく困難な女性が休暇を請求したときは、その者を生理日に就業させてはならない。

問 10 週所定労働時間が 25 時間、週所定労働日数が 4 日である労働者であって、雇入れの日から起算して 3 年 6 か月継続勤務したものに対して、その後 1 年間に新たに与えなければならない年次有給休暇日数として、法令上、正しいものは次のうちどれか。ただし、その労働者はその直前の 1 年間に全労働日の 8 割以上出勤したものとする。

(1)　8日
(2)　10日
(3)　12日
(4)　14日
(5)　16日

労　働　衛　生

問11　事務室内において、空気を外気と入れ換えて二酸化炭素濃度を 1,000ppm 以下に保った状態で、在室することのできる最大の人数は次のうちどれか。ただし、外気の二酸化炭素濃度を 400ppm、外気と入れ換える空気量を 600m³/ h、1人当たりの呼出二酸化炭素量を 0.016m³/ h とする。

(1)　10人
(2)　14人
(3)　18人
(4)　22人
(5)　26人

問12 照明、採光などに関する次の記述のうち、誤っているものはどれか。

（1） 1ルクス (lx) は、1カンデラ (cd) の光源から、1m 離れた所において、光軸に垂直な面が受ける明るさをいう。

（2） 部屋の彩色として、目の高さ以下は、まぶしさを防ぎ安定感を出すために濁色とし、目より上方の壁や天井は、明るい色を用いるとよい。

（3） 全般照明と局部照明を併用する場合、全般照明による照度は、局部照明による照度の 5 分の 1 程度としている。

（4） 前方から明かりを取るときは、まぶしさをなくすため、眼と光源を結ぶ線と視線とがなす角度が、40°以上になるように光源の位置を決めている。

（5） 照明設備は、1 年以内ごとに 1 回、定期に点検し、異常があれば電球の交換などを行っている。

問13 暑熱環境の程度を示す WBGT に関する次の記述のうち、誤っているものはどれか。

（1） WBGT は、気温、湿度及び気流の三つの要素から暑熱環境の程度を示す指標として用いられ、その単位は気温と同じ℃で表される。

（2） 日射がある場合の WBGT 値は、自然湿球温度、黒球温度及び気温（乾球温度）の値から算出される。

（3） WBGT には、基準値が定められており、WBGT 値が WBGT 基準値を超えている場合は、熱中症にかかるリスクが高まっていると判断される。

（4） WBGT 基準値は、身体に対する負荷が大きな作業の方が、負荷が小さな作業より小さな値となる。

（5） WBGT 基準値は、暑熱順化者に用いる値の方が、暑熱非順化者に用いる値より大きな値となる。

厚生労働省の「職場における受動喫煙防止のためのガイドライン」において、「喫煙専用室」を設置する場合に満たすべき事項として定められていないものは、次のうちどれか。

（1）　喫煙専用室の出入口において、室外から室内に流入する空気の気流が、0.2m/s 以上であること。
（2）　喫煙専用室のたばこの煙が室内から室外に流出しないよう、喫煙専用室は、壁、天井等によって区画されていること。
（3）　喫煙専用室の出入口における室外から室内に流入する空気の気流について、6か月以内ごとに1回、定期に測定すること。
（4）　喫煙専用室のたばこの煙が屋外又は外部の場所に排気されていること。
（5）　喫煙専用室の出入口の見やすい箇所に必要事項を記載した標識を掲示すること。

 厚生労働省の「事業者が講ずべき快適な職場環境の形成のための措置に関する指針」において、快適な職場環境の形成のための措置の実施に関し、考慮すべき事項とされていないものは次のうちどれか。

（1）　継続的かつ計画的な取組
（2）　快適な職場環境の基準値の達成
（3）　労働者の意見の反映
（4）　個人差への配慮
（5）　潤いへの配慮

問16 厚生労働省の「職場における腰痛予防対策指針」に基づく腰痛予防対策に関する次の記述のうち、正しいものはどれか。

（1） 腰部保護ベルトは、重量物取扱い作業に従事する労働者全員に使用させるようにする。

（2） 重量物取扱い作業の場合、満 18 歳以上の男性労働者が人力のみにより取り扱う物の重量は、体重のおおむね 50％以下となるようにする。

（3） 重量物取扱い作業の場合、満 18 歳以上の女性労働者が人力のみにより取り扱う物の重量は、男性が取り扱うことのできる重量の 60％位までとする。

（4） 重量物取扱い作業に常時従事する労働者に対しては、当該作業に配置する際及びその後 1 年以内ごとに 1 回、定期に、医師による腰痛の健康診断を行う。

（5） 立ち作業の場合は、身体を安定に保持するため、床面は弾力性のない硬い素材とし、クッション性のない作業靴を使用する。

問17 虚血性心疾患に関する次の記述のうち、誤っているものはどれか。

（1） 虚血性心疾患は、門脈による心筋への血液の供給が不足したり途絶えることにより起こる心筋障害である。

（2） 虚血性心疾患発症の危険因子には、高血圧、喫煙、脂質異常症などがある。

（3） 虚血性心疾患は、心筋の一部分に可逆的な虚血が起こる狭心症と、不可逆的な心筋壊死が起こる心筋梗塞とに大別される。

（4） 心筋梗塞では、突然激しい胸痛が起こり、「締め付けられるように痛い」、「胸が苦しい」などの症状が長時間続き、1 時間以上になることもある。

（5）　狭心症の痛みの場所は、心筋梗塞とほぼ同じであるが、その発作が続く時間は、通常数分程度で、長くても 15 分以内におさまることが多い。

問18　メタボリックシンドロームの診断基準に関する次の文中の[　　]内に入れる A から C の語句の組合せとして、正しいものは（1）～（5）のうちどれか。

「日本では、内臓脂肪の蓄積があり、かつ、血中脂質 (中性脂肪、HDL コレステロール)、[A]、[B] の三つのうち [C] が基準値から外れている場合にメタボリックシンドロームと診断される。」

	A	B	C
（1）	血圧	空腹時血糖	いずれか一つ
（2）	血圧	空腹時血糖	二つ以上
（3）	γ - GTP	空腹時血糖	二つ以上
（4）	γ - GTP	尿蛋白	いずれか一つ
（5）	γ - GTP	尿蛋白	二つ以上

問⓳ 労働衛生管理に用いられる統計に関する次の記述のうち、誤っているものはどれか。

(1) ある事象と健康事象との間に、統計上、一方が多いと他方も多いというような相関関係が認められたとしても、それらの間に因果関係があるとは限らない。

(2) 集団を比較する場合、調査の対象とした項目のデータの平均値が等しくても分散が異なっていれば、異なった特徴をもつ集団であると評価される。

(3) 健康管理統計において、ある時点での検査における有所見者の割合を有所見率といい、一定期間において有所見とされた人の割合を発生率という。

(4) 生体から得られたある指標が正規分布である場合、そのばらつきの程度は、平均値や最頻値によって表される。

(5) 静態データとは、ある時点の集団に関するデータであり、動態データとは、ある期間の集団に関するデータである。

問⓴ 食中毒に関する次の記述のうち、誤っているものはどれか。

(1) 毒素型食中毒は、食物に付着した細菌により産生された毒素によって起こる食中毒で、ボツリヌス菌によるものがある。

(2) 感染型食中毒は、食物に付着した細菌そのものの感染によって起こる食中毒で、サルモネラ菌によるものがある。

(3) O-157は、ベロ毒素を産生する大腸菌で、腹痛や出血を伴う水様性の下痢などを起こす。

(4) ノロウイルスによる食中毒は、冬季に集団食中毒として発生することが多く、潜伏期間は、1〜2日間である。

(5) 腸炎ビブリオ菌は、熱に強い。

（次の科目が免除されている受験者は、問21〜問30は解答しないでください。）

労 働 生 理

問㉑　呼吸に関する次の記述のうち、正しいものはどれか。

（1）　呼吸は、胸膜が運動することで胸腔内の圧力を変化させ、肺を受動的に伸縮させることにより行われる。

（2）　肺胞内の空気と肺胞を取り巻く毛細血管中の血液との間で行われるガス交換は、内呼吸である。

（3）　成人の呼吸数は、通常、1分間に16〜20回であるが、食事、入浴、発熱などによって増加する。

（4）　チェーンストークス呼吸とは、肺機能の低下により呼吸数が増加した状態をいい、喫煙が原因となることが多い。

（5）　身体活動時には、血液中の窒素分圧の上昇により呼吸中枢が刺激され、1回換気量及び呼吸数が増加する。

問22 心臓及び血液循環に関する次の記述のうち、誤っているものはどれか。

（1） 心臓は、自律神経の中枢で発生した刺激が刺激伝導系を介して心筋に伝わることにより、規則正しく収縮と拡張を繰り返す。

（2） 肺循環により左心房に戻ってきた血液は、左心室を経て大動脈に入る。

（3） 大動脈を流れる血液は動脈血であるが、肺動脈を流れる血液は静脈血である。

（4） 心臓の拍動による動脈圧の変動を末梢の動脈で触知したものを脈拍といい、一般に、手首の橈骨動脈で触知する。

（5） 心筋は不随意筋であるが、骨格筋と同様に横紋筋に分類される。

問23 体温調節に関する次の記述のうち、正しいものはどれか。

（1） 体温調節中枢は、脳幹の延髄にある。

（2） 暑熱な環境においては、内臓の血流量が増加し体内の代謝活動が亢進することにより、人体からの熱の放散が促進される。

（3） 体温調節のように、外部環境が変化しても身体内部の状態を一定に保つ生体の仕組みを同調性といい、筋肉と神経系により調整されている。

（4） 計算上、体重70kgの人の体表面から10gの汗が蒸発すると、体温が約1℃下がる。

（5） 発汗のほかに、皮膚及び呼気から水分を蒸発させている現象を不感蒸泄という。

ヒトのホルモン、その内分泌器官及びそのはたらきの組合せとして、誤っているものは次のうちどれか。

	ホルモン	内分泌器官	はたらき
（1）	ガストリン	胃	胃酸分泌刺激
（2）	アルドステロン	副腎皮質	体液中の塩類バランスの調節
（3）	パラソルモン	副甲状腺	血中のカルシウム量の調節
（4）	コルチゾール	膵臓(すい)	血糖量の増加
（5）	副腎皮質刺激ホルモン	下垂体	副腎皮質の活性化

 腎臓又は尿に関する次の記述のうち、正しいものはどれか。

（1）　血中の老廃物は、尿細管からボウマン囊(のう)(こ)に濾し出される。

（2）　血中の蛋(たん)白質は、糸球体からボウマン囊(のう)(こ)に濾し出される。

（3）　血中のグルコースは、糸球体からボウマン囊(のう)(こ)に濾し出される。

（4）　原尿中に濾(こ)し出された電解質の多くは、ボウマン囊(のう)から血中に再吸収される。

（5）　原尿中に濾(こ)し出された水分の大部分は、そのまま尿として排出される。

問 26 耳とその機能に関する次の記述のうち、誤っているものはどれか。

(1) 耳は、聴覚と平衡感覚をつかさどる器官で、外耳、中耳及び内耳の三つの部位に分けられる。
(2) 耳介で集められた音は、鼓膜を振動させ、その振動は耳小骨によって増幅され、内耳に伝えられる。
(3) 内耳は、前庭、半規管及び蝸牛（うずまき管）の三つの部位からなり、前庭と半規管が平衡感覚、蝸牛が聴覚をそれぞれ分担している。
(4) 半規管は、体の傾きの方向や大きさを感じ、前庭は、体の回転の方向や速度を感じる。
(5) 鼓室は、耳管によって咽頭に通じており、その内圧は外気圧と等しく保たれている。

問 27 神経系に関する次の記述のうち、誤っているものはどれか。

(1) 神経細胞（ニューロン）は、神経系を構成する基本的な単位で、通常、1個の細胞体、1本の軸索及び複数の樹状突起から成る。
(2) 脊髄では、中心部が灰白質であり、その外側が白質である。
(3) 大脳では、内側の髄質が白質であり、外側の皮質が灰白質である。
(4) 体性神経には感覚器官からの情報を中枢に伝える感覚神経と、中枢からの命令を運動器官に伝える運動神経がある。
(5) 交感神経系は、心拍数を増加し、消化管の運動を亢進する。

問 28　血液に関する次の記述のうち、誤っているものはどれか。

（1）　血液は、血漿成分と有形成分から成り、血漿成分は血液容積の約55％を占める。

（2）　血漿中の蛋白質のうち、アルブミンは血液の浸透圧の維持に関与している。

（3）　白血球のうち、好中球には、体内に侵入してきた細菌や異物を貪食する働きがある。

（4）　血小板のうち、リンパ球には、Bリンパ球、Tリンパ球などがあり、これらは免疫反応に関与している。

（5）　血液の凝固は、血漿中のフィブリノーゲンがフィブリンに変化し、赤血球などが絡みついて固まる現象である。

 問 29　肝臓の機能として、誤っているものは次のうちどれか。

（1）　コレステロールを合成する。

（2）　尿素を合成する。

（3）　ビリルビンを分解する。

（4）　胆汁を生成する。

（5）　血液凝固物質や血液凝固阻止物質を合成する。

問 30 脂肪の分解・吸収及び脂質の代謝に関する次の記述のうち、誤っているものはどれか。

（1） 胆汁は、アルカリ性で、消化酵素は含まないが、食物中の脂肪を乳化させ、脂肪分解の働きを助ける。

（2） 脂肪は、膵臓から分泌される消化酵素である膵アミラーゼにより脂肪酸とグリセリンに分解され、小腸の絨毛から吸収される。

（3） 肝臓は、過剰な蛋白質及び糖質を中性脂肪に変換する。

（4） コレステロールやリン脂質は、神経組織の構成成分となる。

（5） 脂質は、糖質や蛋白質に比べて多くのATPを産生することができるので、エネルギー源として優れている。

第 2 種衛生管理者試験

令和 3 年

7 月～12 月実施分

関係法令（有害業務に係るもの以外のもの）　第 1 問～第 10 問

労働衛生（有害業務に係るもの以外のもの）　第 11 問～第 20 問

労働生理　　　　　　　　　　　　　　　　　第 21 問～第 30 問

解答・解説……………………………… 別冊 P.41

P.137 の解答用紙をコピーしてお使いください。
答え合わせに便利な解答一覧は、P.141。

第2種衛生管理者試験

試験時間　3時間（「労働生理」科目の免除者は2時間15分）

関 係 法 令

問1 事業場の衛生管理体制に関する次の記述のうち、法令上、誤っているものはどれか。

　　　ただし、衛生管理者及び産業医の選任の特例はないものとする。

（1）　常時200人以上の労働者を使用する各種商品小売業の事業場では、総括安全衛生管理者を選任しなければならない。

（2）　常時1,000人を超え2,000人以下の労働者を使用する事業場では、4人以上の衛生管理者を選任しなければならない。

（3）　常時50人以上の労働者を使用する通信業の事業場では、第二種衛生管理者免許を受けた者のうちから衛生管理者を選任することができる。

（4）　2人以上の衛生管理者を選任する場合、そのうち1人についてはその事業場に専属でない労働衛生コンサルタントのうちから選任することができる。

（5）　常時700人の労働者を使用し、そのうち深夜業を含む業務に常時500人以上の労働者を従事させる事業場では、その事業場に専属の産業医を選任しなければならない。

衛生委員会に関する次の記述のうち、法令上、正しいものはどれか。

（1）　衛生委員会の議長は、衛生管理者である委員のうちから、事業者が指名しなければならない。

（2）　衛生委員会の議長を除く委員の半数は、事業場に労働者の過半数で組織する労働組合があるときにおいてはその労働組合、労働者の過半数で組織する労働組合がないときにおいては労働者の過半数を代表する者が指名しなければならない。

（3）　衛生管理者として選任しているが事業場に専属でない労働衛生コンサルタントを、衛生委員会の委員として指名することはできない。

（4）　衛生委員会の付議事項には、労働者の精神的健康の保持増進を図るための対策の樹立に関することが含まれる。

（5）　衛生委員会は、毎月1回以上開催するようにし、議事で重要なものに係る記録を作成して、これを5年間保存しなければならない。

問 3 総括安全衛生管理者又は産業医に関する次の記述のうち、法令上、誤っているものはどれか。
ただし、産業医の選任の特例はないものとする。

（1） 総括安全衛生管理者は、事業場においてその事業の実施を統括管理する者をもって充てなければならない。

（2） 都道府県労働局長は、労働災害を防止するため必要があると認めるときは、総括安全衛生管理者の業務の執行について事業者に勧告することができる。

（3） 総括安全衛生管理者が旅行、疾病、事故その他やむを得ない事由によって職務を行うことができないときは、代理者を選任しなければならない。

（4） 産業医は、衛生委員会を開催した都度作成する議事概要を、毎月１回以上、事業者から提供されている場合には、作業場等の巡視の頻度を、毎月１回以上から２か月に１回以上にすることができる。

（5） 事業者は、産業医から労働者の健康管理等について勧告を受けたときは、当該勧告の内容及び当該勧告を踏まえて講じた措置の内容 (措置を講じない場合にあっては、その旨及びその理由) を記録し、これを３年間保存しなければならない。

問4　労働安全衛生規則に基づく医師による雇入時の健康診断に関する次の記述のうち、誤っているものはどれか。

（1）　医師による健康診断を受けた後 3 か月を経過しない者を雇い入れる場合、その健康診断の結果を証明する書面の提出があったときは、その健康診断の項目に相当する雇入時の健康診断の項目は省略することができる。

（2）　雇入時の健康診断では、40 歳未満の者について医師が必要でないと認めるときは、貧血検査、肝機能検査等一定の検査項目を省略することができる。

（3）　事業場において実施した雇入時の健康診断の項目に異常の所見があると診断された労働者については、その結果に基づき、健康を保持するために必要な措置について、健康診断が行われた日から 3 か月以内に、医師の意見を聴かなければならない。

（4）　雇入時の健康診断の結果に基づき、健康診断個人票を作成して、これを 5 年間保存しなければならない。

（5）　常時 50 人以上の労働者を使用する事業場であっても、雇入時の健康診断の結果については、所轄労働基準監督署長に報告する必要はない。

問5 事業場の建築物、施設等に関する措置について、労働安全衛生規則の衛生基準に違反していないものは次のうちどれか。

（1） 日常行う清掃のほか、1年以内ごとに1回、定期に、統一的に大掃除を行っている。

（2） 男性25人、女性25人の労働者を常時使用している事業場で、労働者が臥床することのできる休養室又は休養所を男性用と女性用に区別して設けていない。

（3） 60人の労働者を常時就業させている屋内作業場の気積が、設備の占める容積及び床面から4mを超える高さにある空間を除き、500m³ となっている。

（4） 事業場に附属する食堂の床面積を、食事の際の1人について、0.8m² としている。

（5） 労働衛生上の有害業務を有しない事業場において、窓その他の開口部の直接外気に向かって開放することができる部分の面積が、常時床面積の15分の1である屋内作業場に、換気設備を設けていない。

問6 雇入れ時の安全衛生教育に関する次の記述のうち、法令上、正しいものはどれか。

（1） 常時使用する労働者が10人未満である事業場では、教育を省略することができる。

（2） 1か月以内の期間を定めて雇用する者については、危険又は有害な業務に従事する者を除き、教育を省略することができる。

（3） 飲食店の事業場においては、教育事項のうち、「作業手順に関すること」については省略することができる。

（4） 旅館業の事業場においては、教育事項のうち、「作業開始時の点検に関すること」については省略することができる。

（5）　教育を行ったときは、教育の受講者、教育内容等の記録を作成して、これを1年間保存しなければならない。

問 7　労働安全衛生法に基づく労働者の心理的な負担の程度を把握するための検査（以下「ストレスチェック」という。）及びその結果等に応じて実施される医師による面接指導に関する次の記述のうち、法令上、正しいものはどれか。

（1）　常時50人以上の労働者を使用する事業場においては、6か月以内ごとに1回、定期に、ストレスチェックを行わなければならない。
（2）　事業者は、ストレスチェックの結果が、衛生管理者及びストレスチェックを受けた労働者に通知されるようにしなければならない。
（3）　労働者に対して行うストレスチェックの事項は、「職場における当該労働者の心理的な負担の原因」、「当該労働者の心理的な負担による心身の自覚症状」及び「職場における他の労働者による当該労働者への支援」に関する項目である。
（4）　事業者は、ストレスチェックの結果、心理的な負担の程度が高い労働者全員に対し、医師による面接指導を行わなければならない。
（5）　事業者は、医師による面接指導の結果に基づき、当該面接指導の結果の記録を作成して、これを3年間保存しなければならない。

令和3年7月〜12月実施分　問題

問 8 事務室の空気環境の測定、設備の点検等に関する次の記述のうち、法令上、誤っているものはどれか。

(1) 燃焼器具を使用するときは、発熱量が著しく少ないものを除き、毎日、異常の有無を点検しなければならない。

(2) 事務室において使用する機械による換気のための設備については、2か月以内ごとに1回、定期に、異常の有無を点検しなければならない。

(3) 空気調和設備内に設けられた排水受けについては、原則として、1か月以内ごとに1回、定期に、その汚れ及び閉塞の状況を点検し、必要に応じ、その清掃等を行わなければならない。

(4) 中央管理方式の空気調和設備を設けた建築物内の事務室については、空気中の一酸化炭素及び二酸化炭素の含有率を、3か月以内ごとに1回、定期に、測定しなければならない。

(5) 事務室の建築、大規模の修繕又は大規模の模様替を行ったときは、その事務室における空気中のホルムアルデヒドの濃度を、その事務室の使用を開始した日以後所定の時期に1回、測定しなければならない。

問 9　週所定労働時間が 25 時間、週所定労働日数が 4 日である労働者であって、雇入れの日から起算して 3 年 6 か月継続勤務したものに対して、その後 1 年間に新たに与えなければならない年次有給休暇日数として、法令上、正しいものは次のうちどれか。

　ただし、その労働者はその直前の 1 年間に全労働日の 8 割以上出勤したものとする。

（1）　8 日
（2）　10 日
（3）　12 日
（4）　14 日
（5）　16 日

労働基準法に定める妊産婦等に関する次の記述のうち、法令上、誤っているものはどれか。

ただし、常時使用する労働者数が 10 人以上の規模の事業場の場合とし、管理監督者等とは、「監督又は管理の地位にある者等、労働時間、休憩及び休日に関する規定の適用除外者」をいうものとする。

（1） 妊産婦とは、妊娠中の女性及び産後 1 年を経過しない女性をいう。
（2） 妊娠中の女性が請求した場合においては、他の軽易な業務に転換させなければならない。
（3） 1 年単位の変形労働時間制を採用している場合であっても、妊産婦が請求した場合には、管理監督者等の場合を除き、1 週 40 時間、1 日 8 時間を超えて労働させてはならない。
（4） フレックスタイム制を採用している場合であっても、妊産婦が請求した場合には、管理監督者等の場合を除き、1 週 40 時間、1 日 8 時間を超えて労働させてはならない。
（5） 生理日の就業が著しく困難な女性が休暇を請求したときは、その者を生理日に就業させてはならない。

労 働 衛 生

問⑪　一般の事務室における換気に関する次の A から D の記述について、誤っているものの組合せは（1）〜（5）のうちどれか。

A　人間の呼気の成分の中で、酸素の濃度は約 16％、二酸化炭素の濃度は約 4％である。

B　新鮮な外気中の酸素濃度は約 21％、二酸化炭素濃度は 0.3 〜 0.4％程度である。

C　室内の必要換気量（m³/h）は、次の式により算出される。

$$\frac{室内にいる人が1時間に呼出する二酸化炭素量（m³/h）}{室内二酸化炭素基準濃度（％）－外気の二酸化炭素濃度（％）} \times 100$$

D　必要換気量の算出に当たって、室内二酸化炭素基準濃度は、通常、1％とする。

（1）　A，B
（2）　A，C
（3）　B，C
（4）　B，D
（5）　C，D

問⑫ 温熱条件に関する次の記述のうち、誤っているものはどれか。

（1） WBGT は、日射がない場合は、自然湿球温度と黒球温度の測定値から算出される。

（2） 熱中症はⅠ度からⅢ度までに分類され、このうちⅢ度が最も重症である。

（3） WBGT 基準値は、健康な作業者を基準に、ばく露されてもほとんどの者が有害な影響を受けないレベルに相当するものとして設定されている。

（4） WBGT 基準値は、身体に対する負荷が大きな作業の方が、負荷が小さな作業より小さな値となる。

（5） 温度感覚を左右する環境条件は、気温、湿度及びふく射（放射）熱の三つの要素で決まる。

問⑬ 照明、採光などに関する次の記述のうち、誤っているものはどれか。

（1） 北向きの窓では、直射日光はほとんど入らないが一年中平均した明るさが得られる。

（2） 全般照明と局部照明を併用する場合、全般照明による照度は、局部照明による照度の5分の1程度としている。

（3） 前方から明かりを取るときは、まぶしさをなくすため、眼と光源を結ぶ線と視線とがなす角度が、40°以上になるように光源の位置を決めている。

（4） 照明設備は、1年以内ごとに1回、定期に点検し、異常があれば電球の交換などを行っている。

（5） 部屋の彩色として、目の高さ以下は、まぶしさを防ぎ安定感を出すために濁色とし、目より上方の壁や天井は、明るい色を用いるとよい。

厚生労働省の「職場における受動喫煙防止のためのガイドライン」において、「喫煙専用室」を設置する場合に満たすべき事項として定められていないものは、次のうちどれか。

(1) 喫煙専用室の出入口において、室外から室内に流入する空気の気流が、0.2m/s 以上であること。

(2) 喫煙専用室の出入口における室外から室内に流入する空気の気流について、6か月以内ごとに1回、定期に測定すること。

(3) 喫煙専用室のたばこの煙が室内から室外に流出しないよう、喫煙専用室は、壁、天井等によって区画されていること。

(4) 喫煙専用室のたばこの煙が屋外又は外部の場所に排気されていること。

(5) 喫煙専用室の出入口の見やすい箇所に必要事項を記載した標識を掲示すること。

問 15 労働衛生管理に用いられる統計に関する次の記述のうち、誤っているものはどれか。

(1) 健康診断において、対象人数、受診者数などのデータを計数データといい、身長、体重などのデータを計量データという。

(2) 生体から得られたある指標が正規分布である場合、そのばらつきの程度は、平均値や最頻値によって表される。

(3) 集団を比較する場合、調査の対象とした項目のデータの平均値が等しくても分散が異なっていれば、異なった特徴をもつ集団であると評価される。

(4) ある事象と健康事象との間に、統計上、一方が多いと他方も多いというような相関関係が認められたとしても、それらの間に因果関係があるとは限らない。

(5) 静態データとは、ある時点の集団に関するデータであり、動態データとは、ある期間の集団に関するデータである。

問16 厚生労働省の「職場における腰痛予防対策指針」に基づく腰痛予防対策に関する次の記述のうち、正しいものはどれか。

（1） 作業動作、作業姿勢についての作業標準の策定は、その作業に従事する全ての労働者に一律な作業をさせることになり、個々の労働者の腰痛の発生要因の排除又は低減ができないため、腰痛の予防対策としては適切ではない。

（2） 重量物取扱い作業の場合、満18歳以上の男性労働者が人力のみにより取り扱う物の重量は、体重のおおむね50％以下となるようにする。

（3） 重量物取扱い作業の場合、満18歳以上の女性労働者が人力のみにより取り扱う物の重量は、男性が取り扱うことのできる重量の60％位までとする。

（4） 重量物取扱い作業に常時従事する労働者に対しては、当該作業に配置する際及びその後1年以内ごとに1回、定期に、医師による腰痛の健康診断を行う。

（5） 腰部保護ベルトは、重量物取扱い作業に従事する労働者全員に使用させるようにする。

問17 厚生労働省の「労働安全衛生マネジメントシステムに関する指針」に関する次の記述のうち、誤っているものはどれか。

（1） この指針は、労働安全衛生法の規定に基づき機械、設備、化学物質等による危険又は健康障害を防止するため事業者が講ずべき具体的な措置を定めるものではない。

（2） このシステムは、生産管理等事業実施に係る管理と一体となって運用されるものである。

（3） このシステムでは、事業者は、事業場における安全衛生水準の向上を図るための安全衛生に関する基本的考え方を示すものとして、安全衛

生方針を表明し、労働者及び関係請負人その他の関係者に周知させる。

（4）このシステムでは、事業者は、安全衛生方針に基づき設定した安全衛生目標を達成するため、事業場における危険性又は有害性等の調査の結果等に基づき、一定の期間を限り、安全衛生計画を作成する。

（5）事業者は、このシステムに従って行う措置が適切に実施されているかどうかについて調査及び評価を行うため、外部の機関による監査を受けなければならない。

問18 メタボリックシンドローム診断基準に関する次の文中の[　]内に入れるAからDの語句又は数値の組合せとして、正しいものは（1）～（5）のうちどれか。

「日本人のメタボリックシンドローム診断基準で、腹部肥満（[A]脂肪の蓄積）とされるのは、腹囲が男性では［ B ］cm 以上、女性では［ C ］cm 以上の場合であり、この基準は、男女とも［ A ］脂肪面積が［ D ］cm² 以上に相当する。」

	A	B	C	D
（1）	内臓	85	90	100
（2）	内臓	85	90	200
（3）	内臓	90	85	100
（4）	皮下	90	85	200
（5）	皮下	100	90	200

問 19　食中毒に関する次の記述のうち、正しいものはどれか。

（1）　毒素型食中毒は、食物に付着した細菌により産生された毒素によって起こる食中毒で、サルモネラ菌によるものがある。

（2）　感染型食中毒は、食物に付着した細菌そのものの感染によって起こる食中毒で、黄色ブドウ球菌によるものがある。

（3）　O-157 は、腸管出血性大腸菌の一種で、加熱不足の食肉などから摂取され、潜伏期間は 3 〜 5 日である。

（4）　ボツリヌス菌は、缶詰や真空パックなど酸素のない密封食品中でも増殖するが、熱には弱く、60℃、10 分間程度の加熱で殺菌することができる。

（5）　ノロウイルスによる食中毒は、ウイルスに汚染された食品を摂取することにより発症し、夏季に集団食中毒として発生することが多い。

問 20　感染症に関する次の記述のうち、誤っているものはどれか。

（1）　人間の抵抗力が低下した場合は、通常、多くの人には影響を及ぼさない病原体が病気を発症させることがあり、これを不顕性感染という。

（2）　感染が成立し、症状が現れるまでの人をキャリアといい、感染したことに気付かずに病原体をばらまく感染源になることがある。

（3）　微生物を含む飛沫の水分が蒸発して、5μm 以下の小粒子として長時間空気中に浮遊し、空調などを通じて感染することを空気感染という。

（4）　風しんは、発熱、発疹、リンパ節腫脹を特徴とするウイルス性発疹症で、免疫のない女性が妊娠初期に風しんにかかると、胎児に感染し出生児が先天性風しん症候群（CRS）となる危険性がある。

（5）　インフルエンザウイルスには A 型、B 型及び C 型の三つの型があるが、流行の原因となるのは、主として、A 型及び B 型である。

（次の科目が免除されている受験者は、問21～問30は解答しないでください。）

労 働 生 理

 21 呼吸に関する次の記述のうち、誤っているものはどれか。

（1）　呼吸運動は、横隔膜、肋間筋などの呼吸筋が収縮と弛緩をすることにより行われる。

（2）　胸郭内容積が増し、その内圧が低くなるにつれ、鼻腔、気管などの気道を経て肺内へ流れ込む空気が吸気である。

（3）　肺胞内の空気と肺胞を取り巻く毛細血管中の血液との間で行われるガス交換を外呼吸という。

（4）　呼吸数は、通常、1分間に 16 ～ 20 回で、成人の安静時の1回呼吸量は、約 500mL である。

（5）　呼吸のリズムをコントロールしているのは、間脳の視床下部である。

令和3年7月～12月実施分　問題

問 22 心臓及び血液循環に関する次の記述のうち、誤っているものはどれか。

（1） 大動脈及び肺動脈を流れる血液は、酸素に富む動脈血である。

（2） 体循環では、血液は左心室から大動脈に入り、静脈血となって右心房に戻ってくる。

（3） 心筋は人間の意思によって動かすことができない不随意筋であるが、随意筋である骨格筋と同じ横紋筋に分類される。

（4） 心臓の中にある洞結節（洞房結節）で発生した刺激が、刺激伝導系を介して心筋に伝わることにより、心臓は規則正しく収縮と拡張を繰り返す。

（5） 動脈硬化とは、コレステロールの蓄積などにより、動脈壁が肥厚・硬化して弾力性を失った状態であり、進行すると血管の狭窄や閉塞を招き、臓器への酸素や栄養分の供給が妨げられる。

問 23 体温調節に関する次の記述のうち、誤っているものはどれか。

（1） 寒冷な環境においては、皮膚の血管が収縮して血流量が減って、熱の放散が減少する。

（2） 暑熱な環境においては、内臓の血流量が増加し体内の代謝活動が亢進することにより、人体からの熱の放散が促進される。

（3） 体温調節にみられるように、外部環境などが変化しても身体内部の状態を一定に保とうとする性質を恒常性（ホメオスタシス）という。

（4） 計算上、100g の水分が体重 70 kg の人の体表面から蒸発すると、気化熱が奪われ、体温が約 1℃下がる。

（5） 熱の放散は、ふく射（放射）、伝導、蒸発などの物理的な過程で行われ、蒸発には、発汗と不感蒸泄によるものがある。

問 24　肝臓の機能として、誤っているものは次のうちどれか。

（1）　血液中の身体に有害な物質を分解する。

（2）　ブドウ糖をグリコーゲンに変えて蓄える。

（3）　ビリルビンを分解する。

（4）　血液凝固物質を合成する。

（5）　血液凝固阻止物質を合成する。

 問 25　次のうち、正常値に男女による差がないとされているものはどれか。

（1）　赤血球数

（2）　ヘモグロビン濃度

（3）　ヘマトクリット値

（4）　白血球数

（5）　基礎代謝量

問26 蛋白質並びにその分解、吸収及び代謝に関する次の記述のうち、誤っているものはどれか。

（1） 蛋白質は、約20種類のアミノ酸が結合してできており、内臓、筋肉、皮膚など人体の臓器等を構成する主成分である。

（2） 蛋白質は、膵臓から分泌される消化酵素である膵リパーゼなどによりアミノ酸に分解され、小腸から吸収される。

（3） 血液循環に入ったアミノ酸は、体内の各組織において蛋白質に再合成される。

（4） 肝臓では、アミノ酸から血漿蛋白質が合成される。

（5） 飢餓時には、肝臓などでアミノ酸などからブドウ糖を生成する糖新生が行われる。

問27 視覚に関する次の記述のうち、誤っているものはどれか。

（1） 眼は、周りの明るさによって瞳孔の大きさが変化して眼に入る光量が調節され、暗い場合には瞳孔が広がる。

（2） 眼軸が短すぎることなどにより、平行光線が網膜の後方で像を結ぶものを遠視という。

（3） 角膜が歪んでいたり、表面に凹凸があるために、眼軸などに異常がなくても、物体の像が網膜上に正しく結ばれないものを乱視という。

（4） 網膜には、明るい所で働き色を感じる錐状体と、暗い所で働き弱い光を感じる杆状体の2種類の視細胞がある。

（5） 明るいところから急に暗いところに入ると、初めは見えにくいが徐々に見えやすくなることを明順応という。

問 28 ヒトのホルモン、その内分泌器官及びそのはたらきの組合せとして、誤っているものは次のうちどれか。

	ホルモン	内分泌器官	はたらき
(1)	コルチゾール	副腎皮質	血糖量の増加
(2)	アルドステロン	副腎皮質	体液中の塩類バランスの調節
(3)	メラトニン	副甲状腺	体液中のカルシウムバランスの調節
(4)	インスリン	膵臓	血糖量の減少
(5)	アドレナリン	副腎髄質	血糖量の増加

問 29 代謝に関する次の記述のうち、正しいものはどれか。

(1) 代謝において、細胞に取り入れられた体脂肪、グリコーゲンなどが分解されてエネルギーを発生する過程を同化という。

(2) 代謝において、体内に摂取された栄養素が、種々の化学反応によって、細胞を構成する蛋白質などの生体に必要な物質に合成されることを異化という。

(3) 基礎代謝量は、安静時における心臓の拍動、呼吸、体温保持などに必要な代謝量で、睡眠中の測定値で表される。

(4) エネルギー代謝率は、一定時間中に体内で消費された酸素と排出された二酸化炭素の容積比である。

(5) エネルギー代謝率は、動的筋作業の強度を表すことができるが、静的筋作業には適用できない。

問 30 腎臓・泌尿器系に関する次の記述のうち、誤っているものはどれか。

(1) 腎臓の皮質にある腎小体では、糸球体から蛋白質以外の血漿成分がボウマン嚢に濾し出され、原尿が生成される。

(2) 腎臓の尿細管では、原尿に含まれる大部分の水分及び身体に必要な成分が血液中に再吸収され、残りが尿として生成される。

(3) 尿は淡黄色の液体で、固有の臭気を有し、通常、弱酸性である。

(4) 尿の生成・排出により、体内の水分の量やナトリウムなどの電解質の濃度を調節するとともに、生命活動によって生じた不要な物質を排出する。

(5) 血液中の尿素窒素（BUN）の値が低くなる場合は、腎臓の機能の低下が考えられる。

第2種衛生管理者試験

令和3年

1月～6月実施分

P.137 の解答用紙をコピーしてお使いください。

答え合わせに便利な解答一覧は、P.142。

第2種衛生管理者試験

試験時間　3時間（「労働生理」科目の免除者は2時間15分）

関 係 法 令

問1 事業場の衛生管理体制に関する次の記述のうち、法令上、正しいものはどれか。ただし、衛生管理者及び産業医の選任の特例はないものとする。

(1) 衛生管理者を選任したときは、遅滞なく、所定の様式による報告書を、所轄労働基準監督署長に提出しなければならない。

(2) 常時2,000人を超え3,000人以下の労働者を使用する事業場では、4人の衛生管理者を選任しなければならない。

(3) 常時50人以上の労働者を使用する警備業の事業場では、第二種衛生管理者免許を有する者のうちから衛生管理者を選任することができない。

(4) 常時800人以上の労働者を使用する事業場では、その事業場に専属の産業医を選任しなければならない。

(5) 常時300人を超え500人未満の労働者を使用し、そのうち、深夜業を含む業務に常時100人以上の労働者を従事させる事業場では、衛生工学衛生管理者の免許を受けた者のうちから衛生管理者を選任しなければならない。

問2 常時使用する労働者数が300人で、次の業種に属する事業場のうち、法令上、総括安全衛生管理者の選任が義務付けられていない業種はどれか。

（1）　通信業
（2）　各種商品小売業
（3）　旅館業
（4）　ゴルフ場業
（5）　医療業

 産業医に関する次の記述のうち、法令上、誤っているものはどれか。

（1）　産業医を選任した事業者は、産業医に対し、労働者の業務に関する情報であって産業医が労働者の健康管理等を適切に行うために必要と認めるものを提供しなければならない。
（2）　産業医を選任した事業者は、その事業場における産業医の業務の具体的な内容、産業医に対する健康相談の申出の方法、産業医による労働者の心身の状態に関する情報の取扱いの方法を、常時各作業場の見やすい場所に掲示し、又は備え付ける等の方法により、労働者に周知させなければならない。
（3）　産業医は、衛生委員会に対して労働者の健康を確保する観点から必要な調査審議を求めることができる。
（4）　産業医は、衛生委員会を開催した都度作成する議事概要を、毎月1回以上、事業者から提供されている場合には、作業場等の巡視の頻度を、毎月1回以上から2か月に1回以上にすることができる。
（5）　事業者は、産業医から労働者の健康管理等について勧告を受けたときは、当該勧告の内容及び当該勧告を踏まえて講じた措置の内容（措置を講じない場合にあっては、その旨及びその理由）を記録し、これを3年間保存しなければならない。

労働安全衛生規則に基づく医師による健康診断について、法令に違反しているものは次のうちどれか。

（1） 雇入時の健康診断において、医師による健康診断を受けた後3か月を経過しない者が、その健康診断結果を証明する書面を提出したときは、その健康診断の項目に相当する項目を省略している。

（2） 雇入時の健康診断の項目のうち、聴力の検査は、35歳及び40歳の者並びに45歳以上の者に対しては、1,000Hz及び4,000Hzの音について行っているが、その他の年齢の者に対しては、医師が適当と認めるその他の方法により行っている。

（3） 深夜業を含む業務に常時従事する労働者に対し、6か月以内ごとに1回、定期に、健康診断を行っているが、胸部エックス線検査は、1年以内ごとに1回、定期に、行っている。

（4） 事業場において実施した定期健康診断の結果、健康診断項目に異常所見があると診断された労働者については、健康を保持するために必要な措置について、健康診断が行われた日から3か月以内に、医師から意見聴取を行っている。

（5） 常時50人の労働者を使用する事業場において、定期健康診断の結果については、遅滞なく、所轄労働基準監督署長に報告を行っているが、雇入時の健康診断の結果については報告を行っていない。

問5 労働安全衛生法に基づく心理的な負担の程度を把握するための検査（以下「ストレスチェック」という。）及びその結果等に応じて実施される医師による面接指導に関する次の記述のうち、法令上、正しいものはどれか。

（1） 常時50人以上の労働者を使用する事業場においては、6か月以内ごとに1回、定期に、ストレスチェックを行わなければならない。

（2）　事業者は、ストレスチェックの結果が、衛生管理者及びストレスチェックを受けた労働者に通知されるようにしなければならない。

（3）　労働者に対するストレスチェックの事項は、「職場における当該労働者の心理的な負担の原因」、「当該労働者の心理的な負担による心身の自覚症状」及び「職場における他の労働者による当該労働者への支援」に関する項目である。

（4）　事業者は、ストレスチェックの結果、心理的な負担の程度が高い労働者全員に対し、医師による面接指導を行わなければならない。

（5）　事業者は、医師による面接指導の結果に基づき、当該面接指導の結果の記録を作成して、これを 3 年間保存しなければならない。

問 6　雇入れ時の安全衛生教育における次の A から D の教育事項について、法令上、金融業の事業場において省略できるものの組合せは（1）〜（5）のうちどれか。

A　従事させる業務に関して発生するおそれのある疾病の原因及び予防に関すること。

B　作業開始時の点検に関すること。

C　整理、整頓及び清潔の保持に関すること。

D　作業手順に関すること。

（1）　A，B
（2）　A，C
（3）　B，C
（4）　B，D
（5）　C，D

事業場の建築物、施設等に関する措置について、労働安全衛生規則の衛生基準に違反していないものは次のうちどれか。

（1） 日常行う清掃のほか、1年に1回、定期に、統一的に大掃除を行っている。

（2） 男性25人、女性25人の労働者を常時使用している事業場で、労働者が臥床することのできる休養室又は休養所を男性用と女性用に区別して設けていない。

（3） 坑内等特殊な作業場以外の作業場において、男性用小便所の箇所数は、同時に就業する男性労働者50人以内ごとに1個以上としている。

（4） 事業場に附属する食堂の床面積を、食事の際の1人について、0.8m²としている。

（5） 労働衛生上の有害業務を有しない事業場において、窓その他の開口部の直接外気に向かって開放することができる部分の面積が、常時床面積の15分の1である屋内作業場に、換気設備を設けていない。

問8 事務室の空気環境の調整に関する次の文中の　　　　内に入れるA及びBの数値の組合せとして、法令上、正しいものは（1）〜（5）のうちどれか。

「空気調和設備又は機械換気設備を設けている場合は、室に供給される空気が、次に適合するように当該設備を調整しなければならない。

① 1気圧、温度25℃とした場合の当該空気 1m³ 中に含まれる浮遊粉じん量が　　A　　mg 以下であること。

② 1気圧、温度25℃とした場合の当該空気 1m³ 中に含まれるホルムアルデヒドの量が　　B　　mg 以下であること。」

	A	B
(1)	0.15	0.1
(2)	0.15	0.3
(3)	0.5	0.1
(4)	0.5	0.3
(5)	0.5	0.5

問 9 　労働基準法における労働時間等に関する次の記述のうち、正しいものはどれか。

(1) 1日8時間を超えて労働させることができるのは、時間外労働の協定を締結し、これを所轄労働基準監督署長に届け出た場合に限られている。

(2) 労働時間に関する規定の適用については、事業場を異にする場合は労働時間を通算しない。

(3) 労働時間が8時間を超える場合においては、少なくとも45分の休憩時間を労働時間の途中に与えなければならない。

(4) 機密の事務を取り扱う労働者については、所轄労働基準監督署長の許可を受けなくても労働時間に関する規定は適用されない。

(5) 監視又は断続的労働に従事する労働者については、所轄労働基準監督署長の許可を受ければ、労働時間及び年次有給休暇に関する規定は適用されない。

問 10　週所定労働時間が 25 時間、週所定労働日数が 4 日である労働者であって、雇入れの日から起算して 3 年 6 か月継続勤務したものに対して、その後 1 年間に新たに与えなければならない年次有給休暇日数として、法令上、正しいものは（1）～（5）のうちどれか。

ただし、その労働者はその直前の 1 年間に全労働日の 8 割以上出勤したものとする。

（1）　8 日
（2）　9 日
（3）　10 日
（4）　11 日
（5）　12 日

労　働　衛　生

問 11　一般の事務室における換気に関する次の A から D の記述について、誤っているものの組合せは（1）～（5）のうちどれか。

A　人間の呼気の成分の中で、酸素の濃度は約 16%、二酸化炭素の濃度は約 4%である。

B　新鮮な外気中の酸素濃度は約 21%、二酸化炭素濃度は 0.3～0.4%程度である。

C　室内の必要換気量（m^3/h）は、次の式により算出される。

$$\frac{\text{室内にいる人が 1 時間に呼出する二酸化炭素量（}m^3/h\text{）}}{\text{室内二酸化炭素基準濃度（%）} - \text{外気の二酸化炭素濃度（%）}} \times 100$$

D　必要換気量の算出に当たって、室内二酸化炭素基準濃度は、通常、1%とする。

(1) A，B
(2) A，C
(3) B，C
(4) B，D
(5) C，D

問12 温熱条件に関する次の記述のうち、誤っているものはどれか。

(1) 温度感覚を左右する環境要素は、気温、湿度及び気流であり、この三要素によって温熱環境が定まる。
(2) 気温、湿度及び気流の総合効果を実験的に求め、温度目盛で表したものが実効温度である。
(3) WBGTは、暑熱環境による熱ストレスの評価に用いられる指標で、屋内では自然湿球温度と黒球温度の測定値から算出される。
(4) WBGT基準値は、熱に順化している人に用いる値の方が、熱に順化していない人に用いる値より大きな値となる。
(5) 相対湿度とは、空気中の水蒸気分圧とその温度における飽和水蒸気圧との比を百分率で示したものである。

令和3年1月～6月実施分 問題

問 13 照明、採光などに関する次の記述のうち、誤っているものはどれか。

（1）　北向きの窓では、直射日光はほとんど入らないが一年中平均した明るさが得られる。

（2）　全般照明と局部照明を併用する場合、全般照明による照度は、局部照明による照度の5分の1程度としている。

（3）　前方から明かりを取るときは、まぶしさをなくすため、眼と光源を結ぶ線と視線とがなす角度が、40°程度になるように光源の位置を決めている。

（4）　照明設備は、1年以内ごとに1回、定期に点検し、異常があれば電球の交換などを行っている。

（5）　部屋の彩色として、目の高さ以下は、まぶしさを防ぎ安定感を出すために濁色とし、目より上方の壁や天井は、明るい色を用いるとよい。

問 14 労働衛生管理に用いられる統計に関する次の記述のうち、誤っているものはどれか。

（1）　生体から得られたある指標が正規分布である場合、そのバラツキの程度は、平均値や最頻値によって表される。

（2）　集団を比較する場合、調査の対象とした項目のデータの平均値が等しくても分散が異なっていれば、異なった特徴をもつ集団であると評価される。

（3）　健康管理統計において、ある時点での検査における有所見者の割合を有所見率といい、このようなデータを静態データという。

（4）　健康診断において、対象人数、受診者数などのデータを計数データといい、身長、体重などのデータを計量データという。

（5）　ある事象と健康事象との間に、統計上、一方が多いと他方も多いとい

うような相関関係が認められても、それらの間に因果関係がないこと
もある。

問 15 厚生労働省の「職場における腰痛予防対策指針」に基づく腰痛予防対策に関する次の記述のうち、正しいものはどれか。

（1）　腰部保護ベルトは、重量物取扱い作業に従事する労働者全員に使用させるようにする。

（2）　重量物取扱い作業の場合、満 18 歳以上の男性労働者が人力のみで取り扱う物の重量は、体重のおおむね 50％以下となるようにする。

（3）　重量物取扱い作業に常時従事する労働者に対しては、当該作業に配置する際及びその後 1 年以内ごとに 1 回、定期に、医師による腰痛の健康診断を行う。

（4）　立ち作業の場合は、身体を安定に保持するため、床面は弾力性のない硬い素材とし、クッション性のない作業靴を使用する。

（5）　腰掛け作業の場合の作業姿勢は、椅子に深く腰を掛けて、背もたれで体幹を支え、履物の足裏全体が床に接する姿勢を基本とする。

問16 出血及び止血法並びにその救急処置に関する次の記述のうち、誤っているものはどれか。

（1）　体内の全血液量は、体重の約13分の1で、その約3分の1を短時間に失うと生命が危険な状態となる。

（2）　傷口が泥で汚れているときは、手際良く水道水で洗い流す。

（3）　止血法には、直接圧迫法、間接圧迫法などがあるが、一般人が行う応急手当としては直接圧迫法が推奨されている。

（4）　静脈性出血は、擦り傷のときにみられ、傷口から少しずつにじみ出るような出血である。

（5）　止血帯を施した後、受傷者を医師に引き継ぐまでに30分以上かかる場合には、止血帯を施してから30分ごとに1〜2分間、出血部から血液がにじんでくる程度まで結び目をゆるめる。

問17 虚血性心疾患に関する次の記述のうち、誤っているものはどれか。

（1）　虚血性心疾患は、門脈による心筋への血液の供給が不足したり途絶えることにより起こる心筋障害である。

（2）　虚血性心疾患発症の危険因子には、高血圧、喫煙、脂質異常症などがある。

（3）　虚血性心疾患は、心筋の一部分に可逆的な虚血が起こる狭心症と、不可逆的な心筋壊死が起こる心筋梗塞とに大別される。

（4）　心筋梗塞では、突然激しい胸痛が起こり、「締め付けられるように痛い」、「胸が苦しい」などの症状が長時間続き、1時間以上になることもある。

（5）　狭心症の痛みの場所は、心筋梗塞とほぼ同じであるが、その発作が続く時間は、通常数分程度で、長くても15分以内におさまることが多い。

細菌性食中毒に関する次の記述のうち、誤っているものはどれか。

（1）　黄色ブドウ球菌による毒素は、熱に強い。

（2）　ボツリヌス菌による毒素は、神経毒である。

（3）　腸炎ビブリオ菌は、病原性好塩菌ともいわれる。

（4）　サルモネラ菌による食中毒は、食品に付着した細菌が食品中で増殖した際に生じる毒素により発症する。

（5）　ウェルシュ菌、セレウス菌及びカンピロバクターは、いずれも細菌性食中毒の原因菌である。

問19 ★　**厚生労働省の「情報機器作業における労働衛生管理のためのガイドライン」に関する次の記述のうち、適切でないものはどれか。**

（1）　ディスプレイ画面上における照度は、500 ルクス以下となるようにしている。

（2）　ディスプレイ画面の位置、前後の傾き、左右の向き等を調整してグレアを防止している。

（3）　ディスプレイは、おおむね 30cm 以内の視距離が確保できるようにし、画面の上端を眼の高さよりもやや下になるように設置している。

（4）　1日の情報機器作業の作業時間が4時間未満である労働者については、自覚症状を訴える者についてのみ、情報機器作業に係る定期健康診断の対象としている。

（5）　情報機器作業に係る定期健康診断を、1年以内ごとに1回、定期に実施している。

問 20 厚生労働省の「労働安全衛生マネジメントシステムに関する指針」に関する次の記述のうち、誤っているものはどれか。

（1） この指針は、労働安全衛生法の規定に基づき機械、設備、化学物質等による危険又は健康障害を防止するため事業者が講ずべき具体的な措置を定めるものではない。

（2） このシステムは、生産管理等事業実施に係る管理と一体となって運用されるものである。

（3） このシステムでは、事業者は、事業場における安全衛生水準の向上を図るための安全衛生に関する基本的考え方を示すものとして、安全衛生方針を表明し、労働者及び関係請負人その他の関係者に周知させる。

（4） このシステムでは、事業者は、安全衛生方針に基づき設定した安全衛生目標を達成するため、事業場における危険性又は有害性等の調査の結果等に基づき、一定の期間を限り、安全衛生計画を作成する。

（5） 事業者は、このシステムに従って行う措置が適切に実施されているかどうかについて調査及び評価を行うため、外部の機関による監査を受けなければならない。

（次の科目が免除されている受験者は、問21〜問30は解答しないでください。）

労 働 生 理

問 21 神経系に関する次の記述のうち、誤っているものはどれか。

（1） 神経系を構成する基本的な単位である神経細胞は、通常、1個の細胞体、1本の軸索及び複数の樹状突起から成り、ニューロンともいわれる。

（2）　体性神経は、運動及び感覚に関与し、自律神経は、呼吸、循環などに関与する。

（3）　大脳の皮質は、神経細胞の細胞体が集まっている灰白質で、感覚、思考などの作用を支配する中枢として機能する。

（4）　交感神経系と副交感神経系は、各種臓器において双方の神経線維が分布し、相反する作用を有している。

（5）　交感神経系は、身体の機能をより活動的に調節する働きがあり、心拍数を増加させたり、消化管の運動を高める。

問22　心臓及び血液循環に関する次の記述のうち、誤っているものはどれか。

（1）　心臓は、自律神経の中枢で発生した刺激が刺激伝導系を介して心筋に伝わることにより、規則正しく収縮と拡張を繰り返す。

（2）　肺循環により左心房に戻ってきた血液は、左心室を経て大動脈に入る。

（3）　大動脈を流れる血液は動脈血であるが、肺動脈を流れる血液は静脈血である。

（4）　心臓の拍動による動脈圧の変動を末梢の動脈で触知したものを脈拍といい、一般に、手首の橈骨動脈で触知する。

（5）　動脈硬化とは、コレステロールの蓄積などにより、動脈壁が肥厚・硬化して弾力性を失った状態であり、進行すると血管の狭窄や閉塞を招き、臓器への酸素や栄養分の供給が妨げられる。

問 23　消化器系に関する次の記述のうち、誤っているものはどれか。

（1）　三大栄養素のうち糖質はブドウ糖などに、蛋白質はアミノ酸に、脂肪は脂肪酸とグリセリンに、酵素により分解されて吸収される。
（2）　無機塩及びビタミン類は、酵素による分解を受けないでそのまま吸収される。
（3）　膵臓から十二指腸に分泌される膵液には、消化酵素は含まれていないが、血糖値を調節するホルモンが含まれている。
（4）　ペプシノーゲンは、胃酸によってペプシンという消化酵素になり、蛋白質を分解する。
（5）　小腸の表面は、ビロード状の絨毛という小突起で覆われており、栄養素の吸収の効率を上げるために役立っている。

問 24　呼吸に関する次の記述のうち、誤っているものはどれか。

（1）　呼吸運動は、気管と胸膜の協調運動によって、胸郭内容積を周期的に増減させて行われる。
（2）　胸郭内容積が増し、その内圧が低くなるにつれ、鼻腔、気管などの気道を経て肺内へ流れ込む空気が吸気である。
（3）　肺胞内の空気と肺胞を取り巻く毛細血管中の血液との間で行われる酸素と二酸化炭素のガス交換を、肺呼吸又は外呼吸という。
（4）　全身の毛細血管中の血液が各組織細胞に酸素を渡して二酸化炭素を受け取るガス交換を、組織呼吸又は内呼吸という。
（5）　血液中の二酸化炭素濃度が増加すると、呼吸中枢が刺激され、肺でのガス交換の量が多くなる。

問 25　腎臓・泌尿器系に関する次の記述のうち、誤っているものはどれか。

（1）　腎臓の皮質にある腎小体では、糸球体から蛋白質以外の血漿成分がボウマン嚢に濾し出され、原尿が生成される。

（2）　腎臓の尿細管では、原尿に含まれる大部分の水分及び身体に必要な成分が血液中に再吸収され、残りが尿として生成される。

（3）　尿は淡黄色の液体で、固有の臭気を有し、通常、弱酸性である。

（4）　尿の生成・排出により、体内の水分の量やナトリウムなどの電解質の濃度を調節するとともに、生命活動によって生じた不要な物質を排出する。

（5）　尿の約95％は水分で、約5％が固形物であるが、その成分が全身の健康状態をよく反映するので、尿を採取して尿素窒素の検査が広く行われている。

問 26 代謝に関する次の記述のうち、正しいものはどれか。

（1） 代謝において、細胞に取り入れられた体脂肪、グリコーゲンなどが分解されてエネルギーを発生し、ATP が合成されることを同化という。

（2） 代謝において、体内に摂取された栄養素が、種々の化学反応によって、ATP に蓄えられたエネルギーを用いて、細胞を構成する蛋白質などの生体に必要な物質に合成されることを異化という。

（3） 基礎代謝量は、安静時における心臓の拍動、呼吸、体温保持などに必要な代謝量で、睡眠中の測定値で表される。

（4） エネルギー代謝率は、一定時間中に体内で消費された酸素と排出された二酸化炭素の容積比で表される。

（5） エネルギー代謝率は、動的筋作業の強度を表すことができるが、精神的作業や静的筋作業には適用できない。

問 27 耳とその機能に関する次の記述のうち、誤っているものはどれか。

（1） 耳は、聴覚、平衡感覚などをつかさどる器官で、外耳、中耳、内耳の三つの部位に分けられる。

（2） 耳介で集められた音は、鼓膜を振動させ、その振動は耳小骨によって増幅され、内耳に伝えられる。

（3） 内耳は、前庭、半規管、蝸牛（うずまき管）の三つの部位からなり、前庭と半規管が平衡感覚、蝸牛が聴覚を分担している。

（4） 半規管は、体の傾きの方向や大きさを感じ、前庭は、体の回転の方向や速度を感じる。

（5） 鼓室は、耳管によって咽頭に通じており、その内圧は外気圧と等しく保たれている。

問 28 抗体に関する次の文中の ☐ 内に入れる A から C の語句の組合せとして、適切なものは（1）〜（5）のうちどれか。

「抗体とは、体内に入ってきた A に対して B 免疫において作られる C と呼ばれる蛋白質のことで、 A に特異的に結合し、 A の働きを抑える働きがある。」

	A	B	C
（1）	化学物質	体液性	アルブミン
（2）	化学物質	細胞性	免疫グロブリン
（3）	抗原	体液性	アルブミン
（4）	抗原	体液性	免疫グロブリン
（5）	抗原	細胞性	アルブミン

問 29 体温調節に関する次の記述のうち、誤っているものはどれか。

（1）　寒冷な環境においては、皮膚の血管が収縮して血流量が減って、熱の放散が減少する。

（2）　暑熱な環境においては、内臓の血流量が増加し体内の代謝活動が亢進することにより、人体からの熱の放散が促進される。

（3）　体温調節にみられるように、外部環境などが変化しても身体内部の状態を一定に保とうとする性質を恒常性（ホメオスタシス）という。

（4）　計算上、100g の水分が体重 70 kg の人の体表面から蒸発すると、気化熱が奪われ、体温が約 1℃下がる。

（5）　熱の放散は、輻射（放射）、伝導、蒸発などの物理的な過程で行われ、蒸発には、発汗と不感蒸泄によるものがある。

睡眠に関する次の記述のうち、誤っているものはどれか。

（1）　睡眠と覚醒のリズムのように、約1日の周期で繰り返される生物学的リズムをサーカディアンリズムといい、このリズムの乱れは、疲労や睡眠障害の原因となる。

（2）　睡眠は、睡眠中の目の動きなどによって、レム睡眠とノンレム睡眠に分類される。

（3）　コルチゾールは、血糖値の調節などの働きをするホルモンで、通常、その分泌量は明け方から増加し始め、起床前後で最大となる。

（4）　レム睡眠は、安らかな眠りで、この間に脳は休んだ状態になっている。

（5）　メラトニンは、睡眠に関与しているホルモンである。

第2種衛生管理者試験

令和2年

7月～12月実施分

P.137の解答用紙をコピーしてお使いください。
答え合わせに便利な解答一覧は、P.143。

第2種衛生管理者試験

試験時間　3時間（「労働生理」科目の免除者は2時間15分）

関　係　法　令

問1 衛生管理者の選任について、法令上、定められているものは次のうちどれか。

ただし、衛生管理者の選任の特例はないものとする。

（1）　衛生管理者を選任したときは、遅滞なく、所定の様式による報告書を、所轄労働基準監督署長に提出しなければならない。

（2）　常時使用する労働者数が60人の電気業の事業場では、第二種衛生管理者免許を有する者のうちから衛生管理者を選任することができる。

（3）　常時使用する労働者数が1,000人を超え2,000人以下の事業場では、少なくとも3人の衛生管理者を選任しなければならない。

（4）　常時使用する労働者数が3,000人を超える事業場では、6人の衛生管理者のうち2人まで、事業場に専属でない労働衛生コンサルタントのうちから選任することができる。

（5）　常時使用する労働者数が2,000人以上の事業場では、専任の衛生管理者を2人以上選任しなければならない。

衛生管理者の職務又は業務として、法令上、定められていないものは次のうちどれか。

ただし、次のそれぞれの業務は衛生に関する技術的事項に限るものとする。

（1）健康診断の実施その他健康の保持増進のための措置に関すること。

（2）労働災害の原因の調査及び再発防止対策に関すること。

（3）安全衛生に関する方針の表明に関すること。

（4）少なくとも毎週1回作業場等を巡視し、衛生状態に有害のおそれがあるときは、直ちに、労働者の健康障害を防止するため必要な措置を講ずること。

（5）労働者の健康を確保するため必要があると認めるとき、事業者に対し、労働者の健康管理等について必要な勧告をすること。

問❸ 産業医に関する次の記述のうち、法令上、誤っているものはどれか。

(1) 常時使用する労働者数が 50 人以上の事業場において、厚生労働大臣の指定する者が行う産業医研修の修了者等の所定の要件を備えた医師であっても、当該事業場においてその事業を統括管理する者は、産業医として選任することはできない。

(2) 産業医が、事業者から、毎月 1 回以上、所定の情報の提供を受けている場合であって、事業者の同意を得ているときは、産業医の作業場等の巡視の頻度を、毎月 1 回以上から 2 か月に 1 回以上にすることができる。

(3) 事業者は、産業医が辞任したとき又は産業医を解任したときは、遅滞なく、その旨及びその理由を衛生委員会又は安全衛生委員会に報告しなければならない。

(4) 事業者は、産業医が旅行、疾病、事故その他やむを得ない事由によって職務を行うことができないときは、代理者を選任しなければならない。

(5) 事業者が産業医に付与すべき権限には、労働者の健康管理等を実施するために必要な情報を労働者から収集することが含まれる。

問 4 　労働安全衛生規則に規定されている医師による健康診断について、法令に違反しているものは次のうちどれか。

（1）　雇入時の健康診断において、医師による健康診断を受けた後、3 か月を経過しない者がその健康診断結果を証明する書面を提出したときは、その健康診断の項目に相当する項目を省略している。

（2）　雇入時の健康診断の項目のうち、聴力の検査は、35 歳及び 40 歳の者並びに 45 歳以上の者に対しては、1,000Hz 及び 4,000Hz の音について行っているが、その他の年齢の者に対しては、医師が適当と認めるその他の方法により行っている。

（3）　海外に 6 か月以上派遣して帰国した労働者について、国内の業務に就かせるとき、一時的な就業の場合を除いて、海外派遣労働者健康診断を行っている。

（4）　常時 50 人の労働者を使用する事業場において、雇入時の健康診断の結果について、所轄労働基準監督署長に報告を行っていない。

（5）　常時 40 人の労働者を使用する事業場において、定期健康診断の結果について、所轄労働基準監督署長に報告を行っていない。

問 5 労働安全衛生法に基づく心理的な負担の程度を把握するための検査（以下「ストレスチェック」という。）の結果に基づき実施する医師による面接指導に関する次の記述のうち、正しいものはどれか。

（1） 面接指導を行う医師として事業者が指名できる医師は、当該事業場の産業医に限られる。

（2） 面接指導の結果は、健康診断個人票に記載しなければならない。

（3） 事業者は、ストレスチェックの結果、心理的な負担の程度が高い労働者であって、面接指導を受ける必要があると当該ストレスチェックを行った医師等が認めたものが面接指導を受けることを希望する旨を申し出たときは、当該申出をした労働者に対し、面接指導を行わなければならない。

（4） 事業者は、面接指導の対象となる要件に該当する労働者から申出があったときは、申出の日から3か月以内に、面接指導を行わなければならない。

（5） 事業者は、面接指導の結果に基づき、当該労働者の健康を保持するため必要な措置について、面接指導が行われた日から3か月以内に、医師の意見を聴かなければならない。

雇入れ時の安全衛生教育に関する次の記述のうち、法令上、正しいものはどれか。

(1) 常時使用する労働者が 10 人未満である事業場では、教育を省略することができる。

(2) 1 か月以内の期間を定めて雇用する者については、危険又は有害な業務に従事する者を除き、教育を省略することができる。

(3) 飲食店の事業場においては、「作業手順に関すること」についての教育を省略することができる。

(4) 旅館業の事業場においては、「作業開始時の点検に関すること」についての教育を省略することができる。

(5) 教育を行ったときは、教育の受講者、科目等の記録を作成し、1 年間保存しなければならない。

 ある屋内作業場の床面から 4m をこえない部分の容積が 150m³ であり、かつ、このうちの設備の占める分の容積が 55m³ であるとき、法令上、常時就業させることのできる最大の労働者数は次のうちどれか。

(1) 4 人
(2) 9 人
(3) 10 人
(4) 15 人
(5) 19 人

問 8 事務室の空気環境の測定又は設備の点検に関する次の記述のうち、法令上、誤っているものはどれか。

（1） 燃焼器具を使用するときは、発熱量が著しく少ないものを除き、毎日、異常の有無を点検しなければならない。

（2） 事務室において使用する機械による換気のための設備については、2か月以内ごとに1回、定期に、異常の有無を点検しなければならない。

（3） 空気調和設備を設けている場合は、その設備内に設けられた排水受けについて、原則として、1か月以内ごとに1回、定期に、その汚れ及び閉塞の状況を点検しなければならない。

（4） 中央管理方式の空気調和設備を設けた建築物内の事務室において、空気中の一酸化炭素及び二酸化炭素の含有率については、6か月以内ごとに1回、定期に、測定しなければならない。

（5） 事務室の建築、大規模の修繕又は大規模の模様替を行ったときは、その事務室における空気中のホルムアルデヒドの濃度を、その事務室の使用を開始した日以後所定の期間に1回、測定しなければならない。

労働基準法における労働時間等に関する次の記述のうち、正しいものはどれか。

ただし、労使協定とは、「労働者の過半数で組織する労働組合（その労働組合がない場合は労働者の過半数を代表する者）と使用者との書面による協定」をいうものとする。

（1） 1 日 8 時間を超えて労働させることができるのは、時間外労働の労使協定を締結し、これを所轄労働基準監督署長に届け出た場合に限られている。

（2） 労働時間に関する規定の適用については、事業場を異にする場合は労働時間を通算しない。

（3） 所定労働時間が 7 時間 30 分である事業場において、延長する労働時間が 1 時間であるときは、少なくとも 45 分の休憩時間を労働時間の途中に与えなければならない。

（4） 監視又は断続的労働に従事する労働者であって、所轄労働基準監督署長の許可を受けたものについては、労働時間、休憩及び休日に関する規定は適用されない。

（5） フレックスタイム制の清算期間は、6 か月以内の期間に限られる。

令和 2 年 7 月〜 12 月実施分　問題

問10 労働基準法に定める育児時間に関する次の記述のうち、誤っているものはどれか。

（1） 生後満1年を超え、満2年に達しない生児を育てる女性労働者は、育児時間を請求することができる。

（2） 育児時間は、必ずしも有給としなくてもよい。

（3） 育児時間は、1日2回、1回当たり少なくとも30分の時間を請求することができる。

（4） 育児時間を請求しない女性労働者に対しては、育児時間を与えなくてもよい。

（5） 育児時間は、育児時間を請求できる女性労働者が請求する時間に与えなければならない。

労 働 衛 生

問⑪　事務室内において、空気を外気と入れ換えて二酸化炭素濃度を 1,000ppm 以下に保った状態で、在室することのできる最大の人数は次のうちどれか。

　　ただし、外気の二酸化炭素濃度を 400ppm、外気と入れ換える空気量を 500m³/h、1 人当たりの呼出二酸化炭素量を 0.018m³/h とする。

(1)　14 人
(2)　16 人
(3)　18 人
(4)　20 人
(5)　22 人

問12 温熱条件に関する次の記述のうち、誤っているものはどれか。

（1） 温度感覚を左右する環境条件は、気温、湿度、気流及びふく射（放射）熱の四つの要素によって決まる。
（2） 実効温度は、人の温熱感に基礎を置いた指標で、気温、湿度及び気流の総合効果を温度目盛りで表したものである。
（3） 相対湿度は、乾球温度と湿球温度によって求められる。
（4） 太陽照射がない場合のWBGTは、乾球温度と黒球温度から求められる。
（5） WBGT値がその基準値を超えるおそれのあるときには、冷房などによりWBGT値を低減すること、代謝率レベルの低い作業に変更することなどの対策が必要である。

問13 照明などの視環境に関する次の記述のうち、誤っているものはどれか。

（1） 前方から明かりを取るときは、眼と光源を結ぶ線と視線とで作る角度を40°程度としている。
（2） 照明設備については、6か月以内ごとに1回、定期に点検し、汚れなどがあれば清掃又は交換を行っている。
（3） 全般照明と局部照明を併用する場合、全般照明による照度は、局部照明による照度の5分の1程度にしている。
（4） 照度の単位はルクスで、1ルクスは光度1カンデラの光源から10m離れた所で、その光の光軸に垂直な1m²の面が受ける明るさに相当する。
（5） 室内の彩色で、明度を高くすると光の反射率が高くなり照度を上げる効果があるが、彩度を高くしすぎると交感神経の緊張により疲労を招きやすい。

厚生労働省の「労働者の心の健康の保持増進のための指針」に基づくメンタルヘルスケアの実施に関する次の記述のうち、適切でないものはどれか。

（1）心の健康については、客観的な測定方法が十分確立しておらず、また、心の健康問題の発生過程には個人差が大きく、そのプロセスの把握が難しいという特性がある。

（2）心の健康づくり計画の実施に当たっては、メンタルヘルス不調を早期に発見する「一次予防」、適切な措置を行う「二次予防」及びメンタルヘルス不調となった労働者の職場復帰支援を行う「三次予防」が円滑に行われるようにする必要がある。

（3）労働者の心の健康は、職場配置、人事異動、職場の組織などの要因によって影響を受けるため、メンタルヘルスケアは、人事労務管理と連携しなければ、適切に進まない場合が多いことに留意する。

（4）労働者の心の健康は、職場のストレス要因のみならず、家庭・個人生活などの職場外のストレス要因の影響を受けている場合も多いことに留意する。

（5）メンタルヘルスケアを推進するに当たって、労働者の個人情報を主治医等の医療職や家族から取得する際には、あらかじめこれらの情報を取得する目的を労働者に明らかにして承諾を得るとともに、これらの情報は労働者本人から提出を受けることが望ましい。

令和2年7月〜12月実施分　問題

労働者の健康保持増進のために行う健康測定における運動機能検査の項目とその測定種目との組合せとして、誤っているものは次のうちどれか。

（1） 筋力 ………………………… 握力
（2） 柔軟性 ……………………… 上体起こし
（3） 平衡性 ……………………… 閉眼（又は開眼）片足立ち
（4） 敏しょう性 ………………… 全身反応時間
（5） 全身持久性 ………………… 最大酸素摂取量

 ★ 厚生労働省の「情報機器作業における労働衛生管理のためのガイドライン」に関する次の記述のうち、適切でないものはどれか。

（1） ディスプレイ画面上における照度は、500ルクス以下となるようにしている。
（2） 書類上及びキーボード上における照度は、300ルクス以上となるようにしている。
（3） ディスプレイ画面の位置、前後の傾き、左右の向き等を調整してグレアを防止している。
（4） ディスプレイは、おおむね30cm以内の視距離が確保できるようにし、画面の上端を眼の高さよりもやや下になるように設置している。
（5） 1日の情報機器作業の作業時間が4時間未満である労働者については、自覚症状を訴える者についてのみ、情報機器作業に係る定期健康診断の対象としている。

問⑰ 出血及び止血法並びにその救急処置に関する次の記述のうち、誤っているものはどれか。

(1) 体内の全血液量は、体重の約 13 分の 1 で、その約 3 分の 1 を短時間に失うと生命が危険な状態となる。

(2) 傷口が泥で汚れているときは、手際良く水道水で洗い流す。

(3) 止血法には、直接圧迫法、間接圧迫法などがあるが、一般人が行う応急手当としては直接圧迫法が推奨されている。

(4) 毛細血管性出血は、浅い切り傷のときにみられ、傷口からゆっくり持続的に湧き出るような出血である。

(5) 止血帯を施した後、受傷者を医師に引き継ぐまでに 30 分以上かかる場合には、止血帯を施してから 30 分ごとに 1 〜 2 分間、出血部から血液がにじんでくる程度まで結び目をゆるめる。

問⑱ 一次救命処置に関する次の記述のうち、誤っているものはどれか。

(1) 傷病者に反応がある場合は、回復体位をとらせて安静にして、経過を観察する。

(2) 一次救命処置は、できる限り単独で行うことは避ける。

(3) 口対口人工呼吸は、傷病者の鼻をつまみ、1 回の吹き込みに 3 秒以上かけて傷病者の胸の盛り上がりが見える程度まで吹き込む。

(4) 胸骨圧迫は、胸が約 5cm 沈む強さで、1 分間に 100 〜 120 回のテンポで行う。

(5) AED（自動体外式除細動器）による心電図の自動解析の結果、「ショックは不要です」などのメッセージが流れた場合には、すぐに胸骨圧迫を再開し心肺蘇生を続ける。

問⑲ 細菌性食中毒に関する次の記述のうち、誤っているものはどれか。

（1） サルモネラ菌による食中毒は、食品に付着した菌が食品中で増殖した際に生じる毒素により発症する。

（2） ボツリヌス菌による毒素は、神経毒である。

（3） 黄色ブドウ球菌による毒素は、熱に強い。

（4） 腸炎ビブリオ菌は、病原性好塩菌ともいわれる。

（5） セレウス菌及びカンピロバクターは、いずれも細菌性食中毒の原因菌である。

問⑳ 厚生労働省の「職場における腰痛予防対策指針」に基づく、重量物取扱い作業における腰痛予防対策に関する次の記述のうち、誤っているものはどれか。

（1） 労働者全員に腰部保護ベルトを使用させる。

（2） 取り扱う物の重量をできるだけ明示し、著しく重心の偏っている荷物は、その旨を明示する。

（3） 重量物を取り扱うときは、急激な身体の移動をなくし、前屈やひねり等の不自然な姿勢はとらず、かつ、身体の重心の移動を少なくする等、できるだけ腰部に負担をかけない姿勢で行う。

（4） 重量物を持ち上げるときには、できるだけ身体を対象物に近づけ、重心を低くするような姿勢をとる。

（5） 重量物取扱い作業に常時従事する労働者に対しては、当該作業に配置する際及びその後6か月以内ごとに1回、定期に、医師による腰痛の健康診断を行う。

（次の科目が免除されている受験者は、問21〜問30は解答しないでください。）

労 働 生 理

問21　神経系に関する次の記述のうち、誤っているものはどれか。

（1）　神経系を構成する基本的な単位である神経細胞は、通常、1個の細胞体、1本の軸索及び複数の樹状突起から成り、ニューロンともいわれる。

（2）　体性神経は、運動及び感覚に関与し、自律神経は、呼吸、循環などに関与する。

（3）　大脳の皮質は、神経細胞の細胞体が集まっている灰白質で、感覚、思考などの作用を支配する中枢として機能する。

（4）　交感神経系と副交感神経系は、各種臓器において双方の神経線維が分布し、相反する作用を有している。

（5）　交感神経系は、身体の機能をより活動的に調節する働きがあり、心拍数を増加させたり、消化管の運動を亢進する。

問22　肝臓の機能として、誤っているものは次のうちどれか。

（1）　コレステロールの合成

（2）　尿素の合成

（3）　ビリルビンの分解

（4）　胆汁の生成

（5）　グリコーゲンの合成及び分解

問 23　睡眠などに関する次の記述のうち、誤っているものはどれか。

（1）　睡眠は、睡眠中の目の動きなどによって、レム睡眠とノンレム睡眠に分類される。

（2）　甲状腺ホルモンは、夜間に分泌が上昇するホルモンで、睡眠と覚醒のリズムの調節に関与している。

（3）　睡眠と食事は深く関係しているため、就寝直前の過食は、肥満のほか不眠を招くことになる。

（4）　夜間に働いた後の昼間に睡眠する場合は、一般に、就寝から入眠までの時間が長くなり、睡眠時間が短縮し、睡眠の質も低下する。

（5）　睡眠中には、体温の低下、心拍数の減少などがみられる。

問 24　消化器系に関する次の記述のうち、誤っているものはどれか。

（1）　三大栄養素のうち糖質はブドウ糖などに、蛋白質はアミノ酸に、脂肪は脂肪酸とエチレングリコールに、酵素により分解されて吸収される。

（2）　無機塩、ビタミン類は、酵素による分解を受けないでそのまま吸収される。

（3）　吸収された栄養分は、血液やリンパによって組織に運搬されてエネルギー源などとして利用される。

（4）　胃は、塩酸やペプシノーゲンを分泌して消化を助けるが、水分の吸収はほとんど行わない。

（5）　小腸は、胃に続く全長 6 〜 7m の管状の器官で、十二指腸、空腸及び回腸に分けられる。

腎臓又は尿に関する次の A から D の記述について、誤って
いるものの組合せは（1）～（5）のうちどれか。

A　ネフロン（腎単位）は、尿を生成する単位構造で、1 個の腎小体
　　とそれに続く 1 本の尿細管から成り、1 個の腎臓中に約 100 万
　　個ある。

B　尿の約 95％は水分で、約 5％が固形物であるが、その成分は全
　　身の健康状態をよく反映するので、尿検査は健康診断などで広く
　　行われている。

C　腎機能が正常な場合、糖はボウマン嚢中に濾し出されないので、
　　尿中には排出されない。

D　腎機能が正常な場合、大部分の蛋白質はボウマン嚢中に濾し出さ
　　れるが、尿細管でほぼ 100％再吸収されるので、尿中にはほと
　　んど排出されない。

（1）　A，B
（2）　A，C
（3）　A，D
（4）　B，C
（5）　C，D

令和 2 年 7 月～ 12 月実施分　問題

問 26 血液に関する次の記述のうち、正しいものはどれか。

（1） 血漿中の蛋白質のうち、アルブミンは血液の浸透圧の維持に関与している。

（2） 血漿中の水溶性蛋白質であるフィブリンがフィブリノーゲンに変化する現象が、血液の凝集反応である。

（3） 赤血球は、損傷部位から血管外に出ると、血液凝固を促進させる物質を放出する。

（4） 血液中に占める白血球の容積の割合をヘマトクリットといい、感染や炎症があると増加する。

（5） 血小板は、体内に侵入してきた細菌やウイルスを貪食する働きがある。

問 27 感覚又は感覚器に関する次の記述のうち、誤っているものはどれか。

（1） 眼軸が短過ぎるために、平行光線が網膜の後方で像を結ぶものを遠視という。

（2） 嗅覚と味覚は化学感覚ともいわれ、物質の化学的性質を認知する感覚である。

（3） 温度感覚は、皮膚のほか口腔などの粘膜にも存在し、一般に冷覚の方が温覚よりも鋭敏である。

（4） 深部感覚は、内臓の動きや炎症などを感じて、内臓痛を認識する感覚である。

（5） 中耳にある鼓室は、耳管によって咽頭に通じており、その内圧は外気圧と等しく保たれている。

問 28　抗体に関する次の文中の 　　　　　 内に入れる A から C の語句の組合せとして、適切なものは（1）〜（5）のうちどれか。

「抗体とは、体内に入ってきた　 A 　に対して　 B 　免疫において作られる　 C 　と呼ばれる蛋白質のことで、　 A 　に特異的に結合し、　 A 　の働きを抑える働きがある。」

	A	B	C
(1)	化学物質	体液性	アルブミン
(2)	化学物質	細胞性	免疫グロブリン
(3)	抗原	体液性	アルブミン
(4)	抗原	体液性	免疫グロブリン
(5)	抗原	細胞性	アルブミン

問 29　代謝に関する次の記述のうち、正しいものはどれか。

（1）　代謝において、細胞に取り入れられた体脂肪、グリコーゲンなどが分解されてエネルギーを発生し、ATP が合成されることを同化という。

（2）　代謝において、体内に摂取された栄養素が、種々の化学反応によって、ATP に蓄えられたエネルギーを用いて、細胞を構成する蛋白質などの生体に必要な物質に合成されることを異化という。

（3）　基礎代謝は、心臓の拍動、呼吸運動、体温保持などに必要な代謝で、基礎代謝量は、覚醒、横臥、安静時の測定値で表される。

（4）　エネルギー代謝率は、一定時間中に体内で消費された酸素と排出された二酸化炭素の容積比で表される。

（5）　エネルギー代謝率は、生理的負担だけでなく、精神的及び感覚的な側面をも考慮した作業強度を表す指標としても用いられる。

問 30 筋肉に関する次の記述のうち、正しいものはどれか。

（1） 横紋筋は、骨に付着して身体の運動の原動力となる筋肉で意志によって動かすことができるが、平滑筋は、心筋などの内臓に存在する筋肉で意志によって動かすことができない。

（2） 筋肉は神経からの刺激によって収縮するが、神経より疲労しにくい。

（3） 荷物を持ち上げたり、屈伸運動を行うときは、筋肉が長さを変えずに外力に抵抗して筋力を発生させる等尺性収縮が生じている。

（4） 強い力を必要とする運動を続けていると、筋肉を構成する個々の筋線維の太さは変わらないが、その数が増えることによって筋肉が太くなり筋力が増強する。

（5） 筋肉自体が収縮して出す最大筋力は、筋肉の断面積 1cm² 当たりの平均値をとると、性差や年齢差がほとんどない。

第 2 種衛生管理者　解答用紙

科　目	出　題	正　答	得　点	正答率
関係法令（有害業務以外）	10 問	問	点	％
労働衛生（有害業務以外）	10 問	問	点	％
労働生理	10 問	問	点	％
合　計	30 問	問	点	％

（配点 1 問 10 点）

〈科目ごとの得点が 40％以上で、かつ、合計点が 60％以上で合格〉

関係法令（有害業務以外）

問1	問2	問3	問4	問5	問6	問7	問8	問9	問10
1	1	1	1	1	1	1	1	1	1
2	2	2	2	2	2	2	2	2	2
3	3	3	3	3	3	3	3	3	3
4	4	4	4	4	4	4	4	4	4
5	5	5	5	5	5	5	5	5	5

労働衛生（有害業務以外）

問11	問12	問13	問14	問15	問16	問17	問18	問19	問20
1	1	1	1	1	1	1	1	1	1
2	2	2	2	2	2	2	2	2	2
3	3	3	3	3	3	3	3	3	3
4	4	4	4	4	4	4	4	4	4
5	5	5	5	5	5	5	5	5	5

労働生理

問21	問22	問23	問24	問25	問26	問27	問28	問29	問30
1	1	1	1	1	1	1	1	1	1
2	2	2	2	2	2	2	2	2	2
3	3	3	3	3	3	3	3	3	3
4	4	4	4	4	4	4	4	4	4
5	5	5	5	5	5	5	5	5	5

この解答用紙はコピーしてお使いください。

令和5年1月〜6月実施分　解答一覧

関係法令（有害業務以外）

	問1	問2	問3	問4	問5	問6	問7	問8	問9	問10
	1	1	1	1	**1**	1	**1**	1	1	1
	2	**2**	2	2	2	2	2	**2**	**2**	**2**
	3	3	3	3	3	3	3	3	3	3
	4	4	**4**	**4**	4	4	4	4	4	4
	5	5	5	5	5	**5**	5	5	5	5

労働衛生（有害業務以外）

	問11	問12	問13	問14	問15	問16	問17	問18	問19	問20
	1	1	1	1	1	**1**	1	1	**1**	1
	2	2	2	2	2	2	2	**2**	2	**2**
	3	3	**3**	**3**	3	3	**3**	3	3	3
	4	**4**	4	4	4	4	4	4	4	4
	5	5	5	5	**5**	5	5	5	5	5

労　働　生　理

	問21	問22	問23	問24	問25	問26	問27	問28	問29	問30
	1	**1**	1	**1**	1	1	1	1	**1**	1
	2	2	2	2	2	2	2	2	2	2
	3	3	3	3	**3**	3	3	3	3	3
	4	4	4	4	4	4	4	**4**	4	**4**
	5	5	**5**	5	5	**5**	**5**	5	5	5

関係法令（有害業務以外）

問1	問2	問3	問4	問5	問6	問7	問8	問9	問10
3	3	4	4	1	5	1	2	4	4

労働衛生（有害業務以外）

問11	問12	問13	問14	問15	問16	問17	問18	問19	問20
4	1	2	4	2	1	2	3	4	5

労働生理

問21	問22	問23	問24	問25	問26	問27	問28	問29	問30
3	1	2	1	5	2	3	5	5	5

関係法令（有害業務以外）

問1	問2	問3	問4	問5	問6	問7	問8	問9	問10
1	**1**	1	**1**	1	1	**1**	1	**1**	1
2	2	2	2	**2**	**2**	2	2	2	**2**
3	3	3	3	3	3	3	3	3	3
4	4	**4**	4	4	4	4	**4**	4	4
5	5	5	5	5	5	5	5	5	5

労働衛生（有害業務以外）

問11	問12	問13	問14	問15	問16	問17	問18	問19	問20
1	1	**1**	1	1	1	**1**	1	1	1
2	2	2	2	**2**	2	2	**2**	2	2
3	3	3	**3**	3	**3**	3	3	3	3
4	4	4	4	4	4	4	4	**4**	4
5	**5**	5	5	5	5	5	5	5	**5**

労　働　生　理

問21	問22	問23	問24	問25	問26	問27	問28	問29	問30
1	**1**	1	1	1	1	1	1	1	1
2	2	2	2	2	2	2	2	2	**2**
3	3	3	3	**3**	3	3	3	**3**	3
4	4	4	**4**	4	**4**	4	4	4	4
5	5	**5**	5	5	5	**5**	5	5	5

関係法令（有害業務以外）

問1	問2	問3	問4	問5	問6	問7	問8	問9	問10
1	1	1	1	1	1	1	1	**1**	1
2	2	2	**2**	2	2	2	**2**	2	2
3	3	3	3	3	**3**	**3**	3	3	3
4	**4**	**4**	4	4	4	4	4	4	**4**
5	5	5	5	**5**	5	5	5	5	5

労働衛生（有害業務以外）

問11	問12	問13	問14	問15	問16	問17	問18	問19	問20
1	1	1	1	1	1	1	**1**	1	**1**
2	2	2	**2**	**2**	2	2	2	2	2
3	3	3	3	3	**3**	3	3	**3**	3
4	4	**4**	4	4	4	4	4	4	4
5	**5**	5	5	5	5	**5**	5	5	5

労　働　生　理

問21	問22	問23	問24	問25	問26	問27	問28	問29	問30
1	**1**	1	1	1	1	1	1	1	1
2	2	**2**	2	2	**2**	2	2	2	2
3	3	3	**3**	3	3	3	**3**	3	3
4	4	4	4	**4**	4	4	4	4	4
5	5	5	5	5	5	**5**	5	**5**	**5**

関係法令（有害業務以外）

問1	問2	問3	問4	問5	問6	問7	問8	問9	問10
1	1	1	1	1	1	1	1	1	1
2	2	2	2	2	2	2	2	2	2
3	3	3	3	3	3	3	3	3	3
4	4	4	4	4	4	4	4	4	4
5	5	5	5	5	5	5	5	5	5

労働衛生（有害業務以外）

問11	問12	問13	問14	問15	問16	問17	問18	問19	問20
1	1	1	1	1	1	1	1	1	1
2	2	2	2	2	2	2	2	2	2
3	3	3	3	3	3	3	3	3	3
4	4	4	4	4	4	4	4	4	4
5	5	5	5	5	5	5	5	5	5

労働生理

問21	問22	問23	問24	問25	問26	問27	問28	問29	問30
1	1	1	1	1	1	1	1	1	1
2	2	2	2	2	2	2	2	2	2
3	3	3	3	3	3	3	3	3	3
4	4	4	4	4	4	4	4	4	4
5	5	5	5	5	5	5	5	5	5

関係法令（有害業務以外）

問1	問2	問3	問4	問5	問6	問7	問8	問9	問10
1	1	1	1	1	1	1	1	1	**1**
2	2	2	**2**	2	2	**2**	2	2	2
3	3	3	3	**3**	**3**	3	3	3	3
4	4	**4**	4	4	4	4	**4**	**4**	4
5	**5**	5	5	5	5	5	5	5	5

労働衛生（有害業務以外）

問11	問12	問13	問14	問15	問16	問17	問18	問19	問20
1	1	1	1	1	1	1	1	**1**	**1**
2	2	2	**2**	**2**	2	2	2	2	2
3	3	3	3	3	3	**3**	3	3	3
4	**4**	**4**	4	4	**4**	4	4	4	4
5	5	5	5	5	5	5	5	5	5

労働生理

問21	問22	問23	問24	問25	問26	問27	問28	問29	問30
1	1	1	**1**	1	**1**	1	1	1	1
2	2	**2**	2	2	2	2	2	2	2
3	**3**	3	3	3	3	3	3	**3**	3
4	4	4	4	4	4	**4**	**4**	4	4
5	5	5	5	**5**	5	5	5	5	**5**

本書の正誤情報や法改正情報等は、下記のアドレスでご確認ください。
http://www.s-henshu.info/2ekkm2311/

上記掲載以外の箇所で正誤についてお気づきの場合は、**書名・発行日・質問事項**（該当ページ・行数・問題番号などと誤りだと思う理由）・**氏名・連絡先**を明記のうえ、お問い合わせください。
・webからのお問い合わせ：上記アドレス内【正誤情報】へ
・郵便またはFAXでのお問い合わせ：下記住所またはFAX番号へ
※電話でのお問い合わせはお受けできません。

[宛先] **コンデックス情報研究所**
　　　　『詳解 第2種衛生管理者 過去6回問題集 '24年版』係
　住所　　〒359-0042　埼玉県所沢市並木3-1-9
　FAX番号　04-2995-4362　（10:00〜17:00　土日祝日を除く）

※本書の正誤以外に関するご質問にはお答えいたしかねます。また受験指導などは行っておりません。
※ご質問の受付期限は、2024年12月までの各試験日の10日前必着といたします。
※回答日時の指定はできません。また、ご質問の内容によっては回答まで10日前後お時間をいただく場合があります。
あらかじめご了承ください。

編著：コンデックス情報研究所
平成2年6月設立。法律・福祉・技術・教育分野において、書籍の企画・執筆・編集、大学および通信教育機関との共同教材開発を行っている研究者、実務家、編集者のグループ。

詳解 第2種衛生管理者過去6回問題集 '24年版
2024年1月20日発行

編　著　コンデックス情報研究所

発行者　深見公子

発行所　成美堂出版
　　　　　〒162-8445　東京都新宿区新小川町1-7
　　　　　電話(03)5206-8151　FAX(03)5206-8159

印　刷　大盛印刷株式会社

詳解　'24年版
第2種衛生管理者
過去6回問題集

別冊

解答・解説編

矢印の方向に引くと
解答・解説編が取り外せます。

別冊
解答・解説編

成美堂出版

目 次

略 語 一 覧

労基法·············	労働基準法	安衛令·············	労働安全衛生法施行令
労基則·············	労働基準法施行規則	安衛則·············	労働安全衛生規則
安衛法·············	労働安全衛生法	事務所則·········	事務所衛生基準規則

★：法改正等により、選択肢の内容の正誤が変わり正答となる肢がなくなるなど、問題として成立しないものには問題番号に★をつけ、正答は出題当時の法律等に基づいた解説をしたのち、（注）以下に、現在の法律に照らし合わせた解説を加えました。

本書は原則として、2023 年 10 月現在の法令等に基づいて編集しております。
以降も法令等の改正があると予想されますので、最新の法令を参照して本書を活用してください。

※試験問題は、試験実施団体である公益財団法人 安全衛生技術試験協会より、半年ごとにその期間内に実施された 1 回分が公表されます。その半年間、同じ問題が毎回出題されているわけではありません。

解答解説
令和5年
1月〜6月実施分
問題は本冊 p.11 〜 p.30

関係法令
（有害業務に係るもの以外のもの）

問1 衛生管理体制
正解（3）

(1) ○ 常時使用する労働者数が300人以上の**各種商品小売業**の事業場においては、総括安全衛生管理者の選任が義務付けられている（安衛令2条2号）。

(2) ○ 常時50人以上の労働者を使用する事業場では、衛生管理者を選任する必要がある（安衛則7条1項4号）。さらに、**通信業**の事業場では、**第二種衛生管理者免許**を有する者のうちから衛生管理者を選任することができる（安衛則7条1項3号ロ）。

(3) × 常時50人以上の労働者を使用する事業場では、衛生管理者を選任する必要がある（安衛則7条1項4号）。そして、**運送業**の事業場では、**第二種衛生管理者免許**を有する者のうちから衛生管理者を選任することは認められて**いない**（安衛則7条1項3号イ）。

(4) ○ 常時50人以上の労働者を使用する事業場では、衛生管理者を選任する必要がある（安衛則7条

1項4号）。さらに、**ゴルフ場業**の事業場では、**第二種衛生管理者免許を有する者**のうちから衛生管理者を選任することができる（安衛則7条1項3号ロ）。

(5) ○ 常時50人以上の労働者を使用する事業場では、衛生管理者を選任する必要がある（安衛則7条1項4号）。さらに、**旅館業**の事業場では、**第二種衛生管理者免許を**有する者のうちから衛生管理者を選任することができる（安衛則7条1項3号ロ）。

問2 産業医
正解（2）

(1) ○ 事業者は、常時50人以上の労働者を使用する事業場においては、産業医を選任しなければならない（安衛令5条）。

(2) × 常時**3,000人**を超える労働者を使用する事業場にあっては、**2人以上**の産業医を選任することとされている（安衛則13条1項4号）。

(3) ○ **重量物の取扱い等重激な業務**に常時**500人以上**の労働者を従事させる事業場にあっては、その事業場に**専属**の産業医を選任することとされている（安衛則13条1項3号ト）。

(4) ○ 産業医は、少なくとも毎月1回（産業医が、事業者から、**毎月1回以上**、所定の掲げる**情報の提供**を受けている場合であって、事業者の同意を得ているときは、少なくとも**2か月に1回**）作業場等

を巡視し、作業方法又は衛生状態に有害のおそれがあるときは、直ちに、労働者の健康障害を防止するため必要な措置を講じなければならない（安衛則15条）。

(5) ◯　産業医は、**衛生教育**に関することであって、**医学**に関する専門的知識を必要とする事項について、**総括安全衛生管理者**に対して**勧告**することができる（安衛則14条1項、3項）。

問3　衛生委員会
正解（4）

(1) ◯　衛生委員会の**議長**を除く委員の**半数**については、事業場に労働者の過半数で組織する労働組合があるときにおいてはその労働組合、事業場に労働者の過半数で組織する**労働組合がない**ときは、労働者の**過半数**を代表する者の推薦に基づき指名しなければならない（安衛法18条4項、17条4項）。

(2) ◯　衛生委員会の**議長**は、原則として、**総括安全衛生管理者**又はその事業を**統括管理**するもの若しくはこれに準ずる者のうちから、事業者が指名した者がなるものとされている（安衛法18条4項、17条3項）。

(3) ◯　当該事業場の衛生管理者に選任されている者であれば、当該事業場に**専属でない**労働衛生コンサルタントであっても、衛生委員会の委員としての適格を**もつ**（安衛法18条2項）。

(4) ×　事業者は、当該事業場の**労働者**で、作業環境測定を実施している**作業環境測定士**であるものを衛生委員会の委員として指名することができる（安衛法18条3項）。当該事業場の労働者では**ない**作業環境測定士を、衛生委員会の委員として指名することは**できない**。

(5) ◯　衛生委員会の付議事項には、**長時間**にわたる労働による労働者の**健康障害の防止**を図るための対策の樹立に関することが含まれる（安衛法18条1項4号、安衛則22条9号）。

問4　健康診断
正解（4）

(1) ◯　医師による健康診断を受けた後、**3か月**を経過しない者を雇い入れる場合において、その者が当該健康診断の**結果**を証明する書面を提出したときは、当該健康診断の項目に相当する雇入時の健康診断の項目については、**省略**することができる（安衛則43条1項）。

(2) ◯　事業者は、常時使用する労働者を雇い入れるときは、当該労働者に対し、**聴力**（1,000Hz及び4,000Hzの音に係る聴力）について医師による健康診断を行わなければならない（安衛則43条3号）。

(3) ◯　**深夜業**を含む業務に常時従事する労働者に対しては、**6か月以内**ごとに1回、定期に、健康診断を行わなければならないが、**胸部エックス線検査**については、**1年**

以内ごとに1回でよい（安衛則45条1項）。

(4) ✕ 事業者は、定期健康診断を受けた労働者に対し、**遅滞なく**、当該健康診断の結果を通知しなければならない（安衛則51条の4）。

(5) 〇 事業者は、定期健康診断の結果に基づき、**健康診断個人票**を作成して、これを**5年間**保存しなければならない（安衛則51条）。

問5 衛生基準
正解 (1)

(1) 〇 事業者は、常時**50人以上**又は常時女性**30人以上**の労働者を使用するときは、労働者が臥床することのできる**休養室**又は**休養所**を、**男性**用と**女性**用に区別して設けなければならない（安衛則618条）。本選択肢における事業場は、常時使用されている労働者が45人で、うち女性が10人であるため、労働者が臥床することのできる休養室又は休養所を、男性用と女性用に区別して設ける必要はない。

(2) ✕ 事業者は、労働者を常時就業させる屋内作業場の**気積**を、設備の占める容積及び床面から4mを超える高さにある空間を除き、労働者1人について、**10m³以上**としなければならないが（安衛則600条）、本選択肢では、設備の占める容積及び床面から4mを超える高さにある空間を除いた労働者1人当たりの気積が**9m³**（450m³÷50人）

となっているので、衛生基準に違反している。

(3) ✕ 事業者は、日常行う清掃のほか、**大掃除**を、**6月以内**ごとに1回、定期に、統一的に行わなければならないので、衛生基準に違反している（安衛則619条1号）。

(4) ✕ 事業者は、事業場に附属する**食堂**の床面積は、食事の際の**1人**について、**1m²以上**としなければならないので、衛生基準に違反している（安衛則630条2号）。

(5) ✕ 直接外気に向かって開放することのできる**窓**の面積が、常時、**床面積の1/20以上**であれば、換気設備を設けなくてもよい（安衛則601条1項）。本問の場合、窓の面積が床面積の**1/25**なので、衛生基準に違反している。

問6 労働衛生コンサルタント
正解 (5)

(1) 〇 労働衛生コンサルタントは、労働衛生コンサルタントの名称を用いて、他人の求めに応じ**報酬**を得て、労働者の衛生の水準の向上を図るため、事業場の**衛生**についての診断及びこれに基づく指導を行うことを業とする（安衛法81条2項）。

(2) 〇 労働衛生コンサルタント試験には、**保健衛生**及び**労働衛生工学**の2つの区分がある（労働安全コンサルタント及び労働衛生コンサルタント規則10条、安衛法83条2項）。

3

（3）○　労働衛生コンサルタント試験に合格した者は、厚生労働省に備える労働衛生コンサルタント**名簿**に、氏名、事務所の所在地その他厚生労働省令で定める事項の**登録**を受けて、労働衛生コンサルタントとなることができる（安衛法84条1項）。

（4）○　労働衛生コンサルタントが、その業務に関して知り得た秘密を**漏らし**、又は**盗用**した場合、厚生労働大臣は、その登録を**取り消す**ことができる（安衛法85条2項、86条2項）。

（5）×　法令上、このような規定は置かれて**いない**。

問7　ストレスチェック
正解（1）

（1）○　ストレスチェックを受ける労働者について**解雇**、**昇進**又は**異動**に関して直接の権限を持つ**監督的地位**にある者は、ストレスチェックの実施の事務に従事しては**ならない**（安衛則52条の10第2項）。

（2）×　検査を受けた**労働者**に対し、当該検査を行った医師等から、遅滞なく、当該検査の結果が通知されるようにしなければならない（安衛則52条の12）。衛生管理者に通知する必要はない。

（3）×　法令上、面接指導を行う医師として、当該事業場の産業医を指名しなければならない旨は規定されて**いない**（安衛法66条の10第3項等参照）。

（4）×　事業者は、面接指導の結果に基づき、当該面接指導の結果の記録を作成して、これを5年間保存しなければならない（安衛則52条の18第1項）。しかし、面接指導の結果を健康診断個人票に記載する必要は**ない**。

（5）×　事業者は、面接指導の結果に基づき、当該労働者の健康を保持するために必要な措置について、面接指導が行われた後、**遅滞なく**医師の意見を聴かなければならない（安衛法66条の10第5項、安衛則52条の19）。

問8　事務室の環境基準
正解（2）

　設問文は、事務所則5条1項2号と2項についてまとめたものである。

「①　空気調和設備又は機械換気設備を設けている場合は、室に供給される空気が、1気圧、温度25℃とした場合の当該空気中に占める二酸化炭素の含有率が100万分の［A 1,000］以下となるように、当該設備を調整しなければならない。

②　①の設備により室に流入する空気が、特定の労働者に直接、継続して及ばないようにし、かつ、室の気流を［B 0.5m/s］以下としなければならない。」

　以上から、正しい数値の組合せは（2）である。

問9　妊産婦の就業制限
正解（2）

（1）○　時間外・休日労働に関する労

使協定を締結し、これを所轄労働基準監督署長に届け出ている場合であっても、**妊産婦**が請求した場合には、**管理監督者等**の場合を除き、**時間外・休日労働**をさせてはならない（労基法66条2項）。

（2）×　**フレックスタイム制**を採用している場合には、清算期間を平均し1週間当たりの労働時間が40時間を超えない範囲において、1日8時間又は1週40時間を超えて労働させることができる（労基法32条の3、同32条）。

（3）○　使用者は、**妊産婦**が請求した場合においては、**深夜業**をさせてはならない（労基法66条3項）。

（4）○　使用者は、妊娠中の女性が請求した場合においては、他の**軽易**な業務に転換させなければならない（労基法65条3項）。

（5）○　使用者は、原則として、産後8週間を経過しない女性を就業させてはならない（労基法65条2項）。

問10　年次有給休暇
正解（2）

本問のように、いわゆるフルタイム勤務ではない労働者の場合、与えなければならない有給休暇の日数は、下表に掲げるものとなる。

本問における労働者は、週所定労働日数が4日で、雇入れの日から起算して5年6か月継続勤務しているので、（2）の13日が正解となる（労基則24条の3第3項）。

━━━━ 労働衛生 ━━━━
（有害業務に係るもの以外のもの）

問11　温熱条件
正解（1）

（1）×　温度感覚を左右する環境条件は、**気温、湿度、気流**の3要素（実効温度）に**ふく射（放射）熱**を加えた4つの要素で決まる。

（2）○　**実効温度**とは、温度感覚を表す指標として用いられるもので、感覚温度ともいわれる。具体的には、**気温、湿度、気流**の総合効果を実験的に求め、その程度を一つ

問10の表

週所定労働日数	1年間の所定労働日数	雇入れの日から起算した継続勤務期間						
		6か月	1年6か月	2年6か月	3年6か月	4年6か月	5年6か月	6年6か月以上
4日	169日〜216日	7日	8日	9日	10日	12日	**13日**	15日
3日	121日〜168日	5日	6日	6日	8日	9日	10日	11日
2日	73日〜120日	3日	4日	4日	5日	6日	6日	7日
1日	48日〜72日	1日	2日	2日	2日	3日	3日	3日

の温度目盛りで表したものである。

（3）〇 **相対湿度**は、空気中の水蒸気量とそのときの温度における飽和水蒸気量との比を百分率（％）で表したもので、**乾球温度と湿球温度**から算出することができる。

（4）〇 WBGT基準値は、身体作業強度等に応じて5段階に分かれており、強度が**増す**につれて、基準値は**小さく**なっていく。

（5）〇 WBGT値がWBGT基準値を超える（おそれがある）場合には、①**冷房**などにより、作業場所のWBGT値の低減を図ること、②身体作業強度（代謝率レベル）の**低い**作業に変更すること、③WBGT基準値より**低い**WBGT値での作業に変更することなどの対策が必要である。

問12　事務室の換気
正解（4）

A 〇 通常、呼気には窒素が約80％、酸素が約16％、二酸化炭素が約4％含まれている。

B × 新鮮な外気中の酸素濃度は約21％、二酸化炭素濃度は0.03〜0.04％程度である。

C 〇 必要換気量は、下式のように算出する。

D × 必要換気量の算出に当たっ

て、室内二酸化炭素基準濃度は、通常、0.1％とする。

よって、誤っているものはB、Dであり（4）が正解となる。

問13　情報機器作業のガイドライン
正解（3）

（1）〇 ディスプレイは、おおむね**40cm以上**の視距離を確保し、画面の上端が、眼と同じ高さか、やや**下**になるようにする。

（2）〇 ディスプレイを用いる場合の書類上及びキーボード上における照度は**300ルクス以上**とし、作業しやすい照度とする。また、ディスプレイ画面の明るさ、書類及びキーボード面における明るさと周辺の明るさの差はなるべく**小さく**する。

（3）× 作業時間等については、一連続作業時間が**1時間**を超えないようにし、次の連続作業までの間に**10分〜15分**の作業休止時間を設け、かつ、一連続作業時間内において**1回〜2回**程度の小休止を設けるようにする。本選択肢は、作業休止時間が5分であるため、適切でない。

（4）〇 1日の情報機器作業の作業時間が**4時間未満**である労働者については、情報機器作業に係る定期健康診断を、**自覚症状を訴える者**

問12の式

$$必要換気量 = \frac{（室内にいる人が1時間に呼出するCO_2量（m^3/h））}{（室内CO_2基準濃度（\%））-（外気のCO_2濃度（\%））} \times 100$$

を対象に実施することとされている。なお、1日の情報機器作業の作業時間が4時間以上である労働者については、情報機器作業に係る定期健康診断を、全ての者を対象に実施することとされている。

(5) ○ 情報機器作業に係る定期健康診断においては、**眼科学**的検査と**筋骨格系**に関する検査の実施日が異なっても**差し支えない**とされている。

問14 健康診断の検査項目
正解（3）

(1) ○ HDLコレステロールは、**善玉**コレステロールとも呼ばれ、基準値である「40mg/dl」よりも大幅に**低値**であることは、**動脈硬化**の危険因子となる。

(2) ○ γ-GTPは、正常な肝細胞に含まれており、肝臓の解毒作用に関係する酵素である。肝細胞が障害を受けると血液中に流れ出し、特に**アルコール**の摂取で**高値**を示す特徴がある。なお、一般的に、女性は男性より低値を示す傾向がある。

(3) × ヘモグロビンA1cは、**総ヘモ**グロビン量における**糖化ヘモ**グロビン量を表す値であり、過去1～2か月前の**血糖値**を反映している。貧血の有無を調べるために利用されるのは、ヘモグロビン濃度などである。

(4) ○ 尿素窒素（BUN）は、腎臓から排泄される老廃物の一種であ

り、血液中の値が高くなる場合は、**腎臓**の機能の低下が考えられる。

(5) ○ 血清トリグリセライド（**中性脂肪**）は、食後に値が上昇する脂質で、内臓脂肪が蓄積している者において、空腹時にも**高値**が持続することはLDLコレステロールの増加、ひいては**動脈硬化**の危険因子となりうる。

問15 受動喫煙防止対策
正解（5）

A ○ 「職場における受動喫煙防止のためのガイドライン」によると、「**第一種**施設」とは、多数の者が利用する施設のうち、**学校**、**病院**、児童福祉施設その他の受動喫煙により健康を損なうおそれが高い者が主として利用する施設として法令に規定するもの並びに国及び地方公共団体の行政機関の庁舎をいい、「原則敷地内**禁煙**」とされている。

B ○ 同ガイドラインによると、「**第二種**施設」とは、多数の者が利用する施設のうち、第一種施設及び喫煙目的施設以外の施設（一般の**事務所**や**工場**、飲食店等も含まれる。）をいい、「原則屋内**禁煙**」とされている。

C × 同ガイドラインによると、「**第二種**施設」において、特定の時間を禁煙とする**時間分煙**は認められていない。

D × 同ガイドラインによると、**喫煙専用室**は、専ら喫煙をする用途

で使用されるものであることから、喫煙専用室内で**飲食**等を行うことは認められ**ない**とされている。

よって、誤っているものの組合せはC、Dであり（5）が正解となる。

問16　労働衛生管理統計
正解（1）

（1）× 生体から得られたある指標が正規分布である場合、そのばらつきの程度は、**分散及び標準偏差**によって表される。

（2）○ **分散**とは「データがどの程度平均値の周りにばらついているか」を表す指標である。平均値が同じであっても**分散**が異なっていれば、**異なった特徴をもつ集団**であると評価される。

（3）○ 健康管理統計において、ある時点での検査につき異常がみられた者を有所見者という。また、有所見者の割合を**有所見率**といい、このように、ある特定時点における特定集団のデータを**静態データ**という。

（4）○ 値を正確に数えることができるものを**計数データ**といい、値を正確に数えることができず連続的なもの（測定器に表示の限界がなければ、小数点以下に無数の数字が表示されうるもの）を、**計量データ**という。健康診断においては、対象人数、受診者数などのデータは**計数データ**に当たり、身長、体重などのデータは**計量データ**に当

たる。

（5）○ **相関関係**とは、「片方の値が変化すれば、もう片方も同じように変化する関係」のことであり、**因果関係**とは、「片方の変化が、もう片方に変化を与える関係」のことである。これらを踏まえると、ある事象と健康事象との間に、統計上、相関関係が認められても、それらの変化が偶然の一致である可能性を排除できないため、因果関係がないこともある。

問17　腰痛予防対策
正解（3）

「職場における腰痛予防対策指針」によると、配置前の健康診断の項目は、以下の通りである。①**既往歴及び業務歴**の調査、②**自覚症状**の有無の検査、③**脊柱**の検査、④**神経学的検査**、⑤脊柱機能検査。

よって、適切でないものは（3）の**負荷心電図検査**である。

問18　脳血管障害・虚血性心疾患
正解（2）

（1）○ 虚血性の脳血管障害である**脳梗塞**は、脳血管**自体**の動脈硬化性病変による「**脳血栓症**」と、心臓や動脈壁（脳血管**以外**）の血栓が剥がれて脳血管を閉塞する「**脳塞栓症**」に分類される。

（2）× **くも膜下出血**は、通常、脳動脈瘤が破れた**直後に**、激しい頭痛で発症する。

（3）○ 心臓の筋肉に血液を送る**冠動**

脈が狭くなったり、塞がったりして心筋が酸素不足に陥る状態を**虚血性心疾患**と呼ぶ。

（4）〇 **心筋梗塞**は前胸部の**激しい痛**みが長時間持続し顔面は蒼白になり、冷汗が出る。不可逆的な心筋壊死が起こるので安静によって改善することはない。

（5）〇 **運動負荷心電図検査**は、運動中や仕事中に**虚血性心疾患**である狭心症・心筋梗塞の症状の疑いが見られる場合、心筋の虚血（酸素が十分供給されない）異常の有無や、不整脈症状、胸痛がある場合に行われる検査である。

問 19 食中毒
正解（1）

（1）〇 **感染型食中毒**は、食物に付着している細菌そのものの感染によって起こる。代表的なものとして**サルモネラ菌**、腸炎ビブリオ菌によるものがある。

（2）× 赤身魚などに含まれるヒスチジンが細菌により分解されて生成される**ヒスタミン**は、調理時の加熱等では分解され**ない**。

（3）× エンテロトキシンは、黄色ブドウ球菌などが産生する毒素である。**テトロドトキシン**は、フグ毒の主成分で、手足のしびれや呼吸麻痺を起こす。

（4）× **カンピロバクター**は、**家畜**や**野生動物**を宿主とする細菌、腹痛や下痢を起こす。

（5）× ボツリヌス菌の芽胞は熱に強

いため、死滅させるには、120℃で**4分**以上の加熱が必要とされている。

問 20 BMI
正解（2）

BMI の計算式は、**体重（kg）÷｛身長（m）｝^{2}** である。

よって、本問の場合、BMI = 80 ÷ 1.75^2 = **26.122**…となり、（2）が最も近い値となる。

━━━ 労働生理 ━━━

問 21 血液
正解（4）

（1）〇 血液は、血漿成分（液体）と有形成分（固体）から成っている。また、血液容積の約55％を**血漿**成分が、約45％を赤血球や白血球、血小板などの有形成分が占めている。

（2）〇 血漿中の蛋白質の約60％が**アルブミン**である。アルブミンは血液を正常に循環させる浸透圧の維持と、体内のいろいろな物質と結合して血液による運搬に関わる。

（3）〇 **好中球**は、白血球の約60％を占め、異物を認識し、体内に侵入してきた細菌などを貪食する。

（4）× リンパ球は、血小板ではなく**白血球**の成分でその約30％を占めている。そのうち、皮膚、脾臓、リンパ節、胸腺などに存在するTリンパ球は抗原を認識して活性化

し、免疫反応を起こす。また、Bリンパ球は抗体産生に携わっている。

（5）○　血液が損傷部位から血管外に出ると止血作用が働き、これに関与しているのが血小板と有形成分の赤血球を除く血漿中のフィブリノーゲンをはじめとする凝固因子である。凝固は**フィブリノーゲン**（線維素原）が蛋白質分解酵素トロンビンによって分解され、不溶性の**フィブリン**（線維素）に変化して網目状になる現象である。

問22　心臓の働きと血液循環
正解（1）

　血液循環には、肺を通る**肺循環**と、肺以外の体中をめぐる**体循環**とがある。**大動脈・肺静脈**には酸素に富む**動脈血**が、**大静脈・肺動脈**には二酸化炭素を多く含んだ**静脈血**が流れている。

> **体循環**：左心室→大動脈→全身の器官・組織の毛細血管→大静脈→右心房

> **肺循環**：右心室→肺動脈→肺の毛細血管→肺静脈→左心房

（1）×　心拍数は、**右心房**に存在する洞結節からの電気刺激によってコントロールされている。

（2）○　**脈拍**とは、心臓の筋肉が一定のリズムで収縮すること（心臓の拍動）により、動脈に伝わる周期的な運動のことをいう。脈拍は、

皮膚に近い部分にある**橈骨動脈**で測定することが多い。

（3）○　心臓自体は、大動脈の起始部から出る**冠動脈**によって酸素や栄養分の供給を受けている。そのため、冠動脈疾患が起こると、心筋への血液供給が遮断されることとなる。

（4）○　本問冒頭の解説を参照。体内では**肺循環**と**体循環**が交互に繰り返されている。

（5）○　本問冒頭の解説を参照。

問23　呼吸
正解（5）

（1）○　肺自体には運動能力がないので、呼吸運動は**横隔膜**や**肋間筋**などの**呼吸筋**の**協調運動**によって胸郭内容積を周期的に増減し、肺を伸縮させることにより行われる。

（2）○　外肋間筋と横隔膜が同時に収縮し、胸郭内容積を広げて、その内圧を低くすることで肺へ流れ込む空気を**吸気**という。

（3）○　呼吸は酸素と二酸化炭素のガス交換である。肺では、肺胞へ空気を出し入れし血液中の二酸化炭素と空気中の酸素を交換している。これを**外呼吸**と呼ぶ。なお、細胞組織において行われるガス交換は**内呼吸**と呼ぶ。

（4）○　呼吸中枢は主として動脈血の**二酸化炭素分圧**によって調節されている。血液中に二酸化炭素が増加してくると、呼吸中枢は刺激されて、呼吸が**速く深く**なる。

（5）× 呼吸中枢は**延髄**の**網様体**にあり、ここからの刺激により呼吸に関与する筋肉が支配されている。

問24 消化酵素
正解（1）
炭水化物（糖質）を分解する消化酵素には、**マルターゼやアミラーゼ**が挙げられる。また、脂質を分解する消化酵素には、**リパーゼ**が挙げられる。そして、蛋白質を分解する消化酵素には、**トリプシンやペプシン**が挙げられる。よって、正しい組合せは（1）となる。

問25 肝臓
正解（3）
肝臓は、**コレステロール**の合成、**尿素**の合成、**胆汁**の生成、**グリコーゲン**の合成や分解等様々な機能を有する臓器である。**ヘモグロビン**を合成するのは骨髄である。
　したがって、（3）が誤り。

問26 代謝
正解（5）
（1）× 代謝において、細胞に取り入れられた体脂肪やグリコーゲンなどが分解されてエネルギーを発生し、**ATP**が合成されることを**異化**という。

（2）× 代謝において、体内に摂取された栄養素が、種々の化学反応によって、**ATP**に蓄えられたエネルギーを用いて、細胞を構成する蛋白質などの生体に必要な物質に合成されることを**同化**という。

（3）× **基礎代謝**は、心臓の拍動、呼吸運動、体温保持などに必要な代謝で、基礎代謝量は、**覚醒**した状態で絶対安静を保っているときの測定値で表される。

（4）× エネルギー代謝率は、（**活動時の代謝量**）÷（**基礎代謝量**）で表される。

（5）〇 エネルギー代謝率の値は、体格、性別などの個人差による影響は少なく、同じ作業であれば、ほぼ同じ値となるので、作業の強度をよく表すことができる。しかし、**精神的作業**や**静的筋作業**のように、エネルギーを消費しない作業の強度を表す指標としては用いることができない。

問27 筋肉
正解（5）
（1）× 筋肉は、**横紋筋**と**平滑筋**の2つに大別される。大部分の横紋筋は意志によって動かすことができる筋肉（**随意筋**）であり、平滑筋は意志によって動かすことができない筋肉（**不随意筋**）である。しかし、横紋筋の一種である**心筋**は、例外的に、意志によって動かすことができない。よって、誤り。

（2）× 筋肉も神経も酸素不足で疲労するが、**筋肉**の方が疲労しやすい。

（3）× 荷物を持ち上げたり、屈伸運動を行うときは、筋肉の張力と負荷が釣り合いながら短縮したり伸張したりする状態である。これを**等張性収縮**という。**等尺性収縮**は

筋肉がその長さを変えずに筋力を発生させている状態をいう。手で荷物を同じ位置で持ち続けたり、鉄棒にぶら下がった状態で生じる。

（4）× 負荷のかかる運動を行うと、筋線維に微細な損傷が発生するが適度な休息及び栄養補給で筋線維が修復される。このとき筋線維が肥大し、運動前より大きな力を発揮できるようになる。これを筋肉の**活動性肥大**という。筋線維の数が増えるのではなく、筋線維の**太さ**が変わる。

（5）〇 刺激に対して意識とは無関係に起こる定型的な反応を**反射**といい、四肢の皮膚に熱いものが触れたときなどに、その肢を体幹に近づけるような反射は**屈曲反射**と呼ばれる。なお、屈曲反射は、危害から逃れるための反射なので「逃避反射」とも呼ばれている。

問28 聴覚器官
正解（4）

（1）〇 **騒音性難聴**は、音を神経に伝達する内耳の聴覚器官の**有毛細胞**の変性によって起こる。慢性的に、激しい騒音にさらされるような環境下で起こりやすい。

（2）〇 **耳介**で集められた音は、外耳道を通って鼓膜に伝わる。鼓膜に音が当たって振動すると、その振動が**耳小骨**で増幅されて**内耳**へと伝えられる。

（3）〇 **内耳**は聴覚をつかさどる蝸牛

と、平衡感覚をつかさどる前庭・半規管で形成されている。蝸牛にはリンパ液が入っていて、耳小骨の振動でリンパ液が揺れ、その揺れを感覚細胞（有毛細胞）が捉えて電気信号に変え、蝸牛神経に伝えている。前庭と半規管の役割については、（4）の解説を参照。

（4）× **前庭**は体の**傾き**の方向や**大きさ**を感じ、**半規管**は体の**回転**の方向や**速度**を感じる。本選択肢は、これらの説明が逆になっている。

（5）〇 中耳の鼓膜の奥には**鼓室**があり、鼓室は耳管で咽頭とつながっている。鼓膜の内外が同じ圧でないと、鼓膜がうまく振動しないため、鼓室の内圧は外気圧と等しく保たれている。

問29 ストレス
正解（1）

（1）× 外部からの刺激である**ストレッサー**は、ストレス反応が**過大**である場合や**持続的**である場合には、自律神経系と内分泌系を介して、心身の活動を抑圧する。

（2）〇 ストレスに伴う心身の反応には、ノルアドレナリン、アドレナリンなどの**カテコールアミン**や**副腎皮質ホルモン**が深く関与しており、これらは「ストレスホルモン」とも呼ばれている。

（3）〇 **昇進**、**転勤**、配置替えなど、本人にとって必ずしもマイナスとはいえない事象であっても、それらがストレスの原因となることが

ある。

（4）○ 職場環境における**騒音**、気温、湿度、**悪臭**などがストレスの原因となることがある。具体的には、騒音にさらされ続けることで自律神経のバランスが崩れること等である。

（5）○ ストレスにより、**高血圧症、狭心症、十二指腸潰瘍**などの疾患が生じることがある。例えば、十二指腸潰瘍の場合、ストレスによる血管収縮等が原因となることが知られている。

問30 ホルモンと内分泌器官
正解（4）

（1）○ ガストリン：胃から分泌され、強い胃酸分泌刺激作用を持つ。

（2）○ アルドステロン：鉱質コルチコイドとも呼ばれる副腎皮質ホルモンである。体液中の塩類（ナトリウムとカリウム）のバランスを調節する。

（3）○ パラソルモン：副甲状腺から分泌され血液中のカルシウム濃度を調節する副甲状腺ホルモンである。

（4）× コルチゾール：糖質コルチコイドとも呼ばれる**副腎皮質**ホルモンである。蛋白質を糖に変換（脱アミノ基）して、血糖量の上昇や抗炎症作用、免疫抑制効果がある。内分泌器官は、膵臓ではなく副腎皮質なので誤り。

（5）○ **副腎皮質刺激ホルモン**：コルチコトロピンとも呼ばれ、下垂体前葉から分泌されるホルモンである。副腎皮質を活性化し、糖質コルチコイドなどの副腎皮質ホルモンの分泌を促進する働きがある。

関係法令
（有害業務に係るもの以外のもの）

問1　衛生管理体制
正解（3）

(1) ○　常時50人以上200人以下の労働者を使用する**医療業**の事業場においては、第一種衛生管理者免許若しくは**衛生工学衛生管理者**免許を受けた者又は安衛則10条各号に掲げる者のうちから衛生管理者を1人以上選任する必要がある（安衛則7条1項3号、4号）。よって、法令に違反していない。

(2) ○　常時50人以上200人以下の労働者を使用する**旅館業**の事業場においては、第一種衛生管理者免許、**第二種衛生管理者**免許若しくは衛生工学衛生管理者免許を受けた者又は安衛則10条各号に掲げる者のうちから衛生管理者を1人以上選任する必要がある（安衛則7条1項3号、4号）。よって、法令に違反していない。

(3) ×　常時50人以上200人以下の労働者を使用する事業場では、衛生管理者を1人以上選任する必要がある（安衛則7条1項4号）。しかし、**電気業**の事業場では、第一

種衛生管理者免許若しくは衛生工学衛生管理者免許を有する者又は安衛則10条各号に掲げる者のうちから衛生管理者を選任しなければならない（安衛則7条1項3号イ）。したがって、**第二種衛生管理者**免許を有する者を衛生管理者に選任することは**できない**ので、誤り。

(4) ○　常時500人を超え1,000人以下の労働者を使用する事業場では、衛生管理者3人以上の選任が必要である（安衛則7条1項4号）。さらに、衛生管理者は、その事業場に**専属**の者でなければならない（安衛則7条1項2号本文）。ただし、2人以上の衛生管理者を選任する場合において、その衛生管理者の中に**労働衛生コンサルタント**がいるときは、その1人については、専属の者でなくてもよい（安衛則7条1項2号ただし書）。よって、法令に違反していない。

(5) ○　常時1,000人を超え2,000人以下の労働者を使用する事業場では、衛生管理者4人以上の選任が必要である（安衛則7条1項4号）。また、その場合、衛生管理者のうち少なくとも1人を**専任**の衛生管理者とすることとされている（安衛則7条1項5号）。そして、**商品卸売業**の事業場においては、第一種衛生管理者免許、**第二種衛生管理者**免許若しくは衛生工学衛生管理者免許を受けた者又は安衛則10条各号に掲げる者のうちから

衛生管理者を選任する必要がある（安衛則7条1項3号）。よって、法令に違反していない。

問2　総括安全衛生管理者
正解（3）

本問に挙げられている業種のうち、**林業、清掃業、建設業、運送業**は、常時使用する労働者数が**100人以上**の事業場において、総括安全衛生管理者の選任が義務付けられている（安衛令2条1号）。一方、**燃料小売業**は、常時使用する労働者数が**300人以上**の事業場において、総括安全衛生管理者の選任が義務付けられている（安衛令2条2号）。したがって、**（3）**が正解となる。

問3　衛生委員会
正解（4）

（1）✕　衛生委員会の**議長**は、**総括安全衛生管理者**又はその事業を**統括管理**するもの若しくはこれに準ずる者のうちから、事業者が**指名**した者がなるものとされている（安衛法18条4項、17条3項）。

（2）✕　法令上このような規定は置かれていないため、事業場に**専属でない産業医**も衛生委員会の委員として指名することが**できる**（安衛法18条2項参照）。

（3）✕　当該事業場の衛生管理者に選任されている者であれば、当該事業場に**専属でない**労働衛生コンサルタントであっても、衛生委員会の委員としての適格を**もつ**（安衛法18条2項）。

（4）○　事業者は、当該事業場の労働者で、作業環境測定を実施している**作業環境測定士**であるものを衛生委員会の委員として指名することが**できる**（安衛法18条3項）。

（5）✕　衛生委員会は、毎月1回以上開催するようにし（安衛則23条1項）、事業者は、衛生委員会における議事で重要なものに係る**記録を作成**して、**3年間保存**しなければならない（安衛則23条4項）。

問4　健康診断
正解（4）

（1）○　**深夜業**を含む業務に常時従事する労働者に対しては、**6か月以内**ごとに1回、定期に、健康診断を行わなければならないが、**胸部エックス線検査**については、**1年以内**ごとに1回でよい（安衛則45条1項）。

（2）○　事業者は、常時使用する労働者を雇い入れるときは、当該労働者に対し、聴力（**1,000Hz及び4,000Hz**の音に係る聴力）について医師による健康診断を行わなければならない（安衛則43条3号）。

（3）○　医師による健康診断を受けた後、**3か月**を経過しない者を雇い入れる場合において、その者が当該健康診断の結果を証明する書面を提出したときは、当該健康診断の項目に相当する雇入時の健康診断の項目については、**省略**することができる（安衛則43条1項）。

（4）✕　事業者は、定期健康診断を受

けた労働者に対し、**遅滞なく、**当該健康診断の結果を通知しなければならない（安衛則 51 条の 4）。

（5）○　事業者は、定期健康診断の結果に基づき、**健康診断個人票を作**成して、これを **5 年間保存**しなければならない（安衛則 51 条）。

問 5　医師による面接指導
正解（1）

（1）○　面接指導の対象となる労働者の要件は、原則として、休憩時間を除き 1 週間当たり **40 時間**を超えて労働させた場合におけるその超えた時間が 1 か月当たり **80 時**間を超え、かつ、疲労の蓄積が認められる者であることとする（安衛則 52 条の 2 第 1 項）。

（2）×　事業者は、面接指導を実施するため、**タイムカード**による記録等の客観的な方法その他の適切な方法により、労働者の**労働時間の**状況を把握しなければならない（安衛法 66 条の 8 の 3、安衛則 52 条の 7 の 3 第 1 項）。「監督または管理の地位にある者を除き」とは規定されていない。

（3）×　法令上このような規定は置かれていないため、事業場の産業でなくても、面接指導を行う医師として事業者が指定することが**できる**（安衛法 66 条の 8 参照）。

（4）×　事業者は、面接指導の対象となる労働者の要件に該当する労働者から面接指導を受ける旨の申出があったときは、**遅滞なく、**面接

指導を行わなければならない（安衛則 52 条の 3 第 3 項、安衛法 66 条の 8）。

（5）×　事業者は、面接指導の結果に基づき、当該面接指導の結果の記録を作成して、これを **5 年間**保存しなければならない（安衛則 52 条の 18 第 1 項）。

問 6　事務室の点検・清掃
正解（5）

（1）×　機械による**換気**のための設備については、**2 か月以内**ごとに 1 回、定期に、異常の有無を点検する必要がある（事務所則 9 条）。

（2）×　事務室で使用している**燃焼器具**については、発熱量が著しく少ないものを除き、**毎日、**異常の有無を点検しなければならない（事務所則 6 条 2 項）。

（3）×　空気調和設備内に設けられた**排水受け**については、原則として、**1 か月**以内ごとに 1 回、定期に、その汚れ及び閉塞の状況を点検し、必要に応じ、その清掃等を行わなければならない（事務所則 9 条の 2 第 4 号）。

（4）×　空気調和設備の**加湿装置**については、原則として、**1 か月**以内ごとに 1 回、定期に、その汚れの状況を点検し、必要に応じ、その清掃等を行わなければならない（事務所則 9 条の 2 第 3 号）。

（5）○　空気調和設備の**冷却塔及び冷却水**については、原則として、当該冷却塔の使用開始時及び使用を

開始した後、**1か月**以内ごとに1回、定期に、その汚れの状況を点検し、必要に応じ、その清掃及び換水等を行わなければならない（事務所則9条の2第2号）。

問7 ストレスチェック
正解（1）

ストレスチェックについて、医師及び保健師以外の検査の実施者として法令に定められているのは、「検査を行うために必要な知識についての研修であって厚生労働大臣が定めるものを修了した**歯科医師**、看護師、精神保健福祉士又は**公認心理師**」（安衛則52条の10第1項3号）である。よって、**（1）**が正解となる。

問8 衛生基準
正解（2）

（1）× 事業者は、常時**50人**以上又は常時女性**30人**以上の労働者を使用するときは、労働者が臥床することのできる**休養室**又は**休養所**を、男性用と女性用に**区別**して設けなければならない（安衛則618条）。

（2）○ 事業者は、労働者を常時就業させる屋内作業場の**気積**を、設備の占める容積及び床面から**4m**を超える高さにある空間を除き、労働者1人について、**10m³**以上としなければならない（安衛則600条）。本選択肢では、設備の占める容積及び床面から3mを超える高さにある空間を除いた労働者1人

当たりの気積が10m³（600m³÷60人）となっているので、衛生基準に違反していない。

（3）× 直接外気に向かって開放することのできる窓の面積が、常時、床面積の**1/20**以上であれば、換気設備を設けなくてもよい（安衛則601条1項）。本問の場合、窓の面積が床面積の1/25なので、衛生基準に違反している。

（4）× **食堂**の床面積は、1人**1m²**以上となっている（安衛則630条2号）。1人について0.8m²であれば、基準に違反する。

（5）× 日常行う清掃のほか、**大掃除**を、**6か月**以内ごとに1回、定期に、統一的に行うこととされている（安衛則619条1号）。1年以内ごとに1回では、基準に違反する。

問9 労働時間
正解（4）

（1）× 本選択肢は労基法36条に規定されているものであるが、労基法上、本選択肢以外にも、例えば同法32条の2第1項において、「**就業規則**その他これに準ずるものにより」1か月以内の一定の期間を平均し1週間当たりの労働時間が同法32条1項の労働時間を超えない定めをしたときは、1日8時間を超えて労働させることが**できる**。よって、本選択肢は誤り。

（2）× 使用者は、労働時間が**6時間**を超える場合においては少なくとも**45分**、8時間を超える場合に

おいては少なくとも**1時間の休憩**時間を労働時間の途中に与えなければならない（労基法34条1項）。

（3）× 機密の事務を取り扱う労働者については、所轄労働基準監督署長の許可を受けなくても**労働時間、休憩及び休日に関する規定は**適用**されない**（労基法41条2号）。

（4）〇 フレックスタイム制の清算期間は、**3か月**以内の期間に限られる（労基法32条の3第1項2号）。

（5）× **満18歳未満の者**については、原則として、時間外・休日労働をさせることはできない（労基法60条1項）。

問10　年次有給休暇
正解（4）

本問のように、いわゆるフルタイム勤務ではない労働者の場合、与えなければならない有給休暇の日数は、下表に掲げるものとなる。

本問における労働者は、週所定労働日数が4日で、雇入れの日から起算して**4年6か月**継続勤務しているので、**（4）の12日**が正解となる（労基則24条の3第3項）。

労働衛生
（有害業務に係るもの以外のもの）

問11　必要換気量
正解（4）

必要換気量は、下式のように算出する。式の単位は%表示なので、単位ppmを%にそろえる。1ppmは**0.0001%**である。設問の場合、必要換気量は、$(0.02\text{m}^3/\text{h} \times 11 \text{人}) \div (0.1\% - 0.04\%) \times 100 = 366.66\cdots\text{m}^3/\text{h}$ となる。よって、最も近いものは**（4）の370m³/h**となる。

問10の表

週所定労働日数	1年間の所定労働日数	雇入れの日から起算した継続勤務期間						
		6か月	1年6か月	2年6か月	3年6か月	4年6か月	5年6か月	6年6か月以上
4日	169日〜216日	7日	8日	9日	10日	12日	13日	15日
3日	121日〜168日	5日	6日	6日	8日	9日	10日	11日
2日	73日〜120日	3日	4日	4日	5日	6日	6日	7日
1日	48日〜72日	1日	2日	2日	2日	3日	3日	3日

問11の式

$$\text{必要換気量} = \frac{(\text{室内にいる人が1時間に呼出する } CO_2 \text{ 量（m}^3/\text{h}）)}{(\text{室内 } CO_2 \text{ 基準濃度（\%）}) - (\text{外気の } CO_2 \text{ 濃度（\%）})} \times 100$$

問12　温熱条件
正解（1）

（1）×　温度感覚を左右する環境条件は、気温、湿度、気流の3要素（実効温度）にふく射（放射）熱を加えた4つの要素で決まる。

（2）○　熱中症は、Ⅰ度からⅢ度までに分類され、重い方から順に並べるとⅢ度（重度）、Ⅱ度（中等度）、Ⅰ度（軽度）となる。

（3）○　WBGT（湿球黒球温度）は、労働環境において作業者が受ける暑熱環境による熱ストレスの評価を行う簡便な指標で、日射がない場合の値は次の式により算出される。

$$WBGT = 0.7 \times 自然湿球温度 + 0.3 \times 黒球温度$$

（4）○　暑さになれている人の方が、暑さになれていない人よりWBGT基準値は1〜5℃ほど高い。

（5）○　相対湿度は、「空気中の水蒸気量÷飽和水蒸気量×100」の計算式で求めることができる。

問13　労働衛生対策
正解（2）

作業管理とは、環境を汚染させない、あるいは有害要因のばく露や作業負荷を軽減させる作業方法の改善の他、作業姿勢の適正化や保護具の使用などが含まれる。

選択肢の中で、作業管理に該当するものは、Aの「作業姿勢の適正化」とCの「作業方法の改善」である。よって、（2）が正解となる。なお、Bの「情報

機器作業に起因する有害因子の低減対策」とDの「空気調和設備の設置」は作業環境管理、Eの「腰痛予防体操の実施」は健康管理に該当する。

問14　メンタルヘルスケア
正解（4）

A　○　「労働者の心の健康の保持増進のための指針」4によると、メンタルヘルスケアは、中長期的視点に立って、継続的かつ計画的に行われるようにすることが重要であり、また、その推進に当たっては、事業者が労働者の意見を聴きつつ事業場の実態に則した取組を行うことが必要である。このため、事業者は、衛生委員会等において十分調査審議を行い、心の健康づくり計画を策定することが必要である。また、心の健康づくり計画は、各事業場における労働安全衛生に関する計画の中に位置付けることが望ましいとされている。

B　×　同指針3によると、衛生委員会の付議事項として「労働者の精神的健康の保持増進を図るための対策の樹立に関すること」が規定されており、心の健康づくり計画の策定はもとより、その実施体制の整備等の具体的な実施方策や個人情報の保護に関する規程等の策定等に当たっては、衛生委員会等において十分調査審議を行うことが必要であるとされている。

C　×　同指針2・5によると、「セルフケア」、「ラインによるケア」、「事

業場内産業保健スタッフ等による ケア」及び「**事業場外資源による**ケア」の４つのメンタルヘルスケアが継続的かつ計画的に行われるようにすることが重要であるとされている。

D ○ 同指針５－１（セルフケア）によると、心の健康づくりを推進するためには、労働者自身がストレスに気づき、これに**対処**するための知識、方法を身につけ、それを**実施**することが重要である。ストレスに気づくためには、労働者がストレス要因に対するストレス反応や心の健康について**理解する**とともに、自らのストレスや心の健康状態について正しく**認識**できるようにする必要があるとされている。

よって、誤っているものの組合せは**（4）**となる。

問 15 受動喫煙防止対策
正解（2）

(1) ○ 「職場における受動喫煙防止のためのガイドライン」によると、喫煙専用室を設置する場合、出入口において、室外から室内に流入する空気の気流が、**0.2m/s 以上**であることが必要であるとされている。

(2) × 同ガイドラインには、このような規定は置かれて**いない**。

(3) ○ 同ガイドラインによると、喫煙専用室を設置する場合、たばこの煙が室内から室外に流出しない

よう、**壁、天井**等によって区画されていることが必要であるとされている。

(4) ○ 同ガイドラインによると、喫煙専用室を設置する場合、たばこの煙が**屋外又は外部の場所に排気**されていることが必要であるとされている。

(5) ○ 同ガイドラインによると、喫煙専用室を設置する場合、出入口の見やすい箇所に必要事項を記載した**標識**を掲示することが必要であるとされている。

問 16 労働衛生管理統計
正解（1）

(1) × 生体から得られたある指標が正規分布である場合、そのばらつきの程度は、**分散**及び**標準偏差**によって表される。

(2) ○ 分散とは「データがどの程度平均値の周りに**ばらついているか**」を表す指標である。そのため、集団を比較する際、平均値が同じであっても分散が異なっていれば、**異なった**特徴をもつ集団であると評価される。

(3) ○ 健康管理統計において、ある時点での検査につき異常がみられた者を有所見者という。また、有所見者の割合を**有所見率**といい、このように、ある特定時点における特定集団のデータを**静態データ**という。

(4) ○ **相関関係**とは、「片方の値が変化すれば、もう片方も同じよう

に変化する関係」のことであり、**因果関係**とは、「片方の変化が、もう片方に変化を与える関係」のことである。これらを踏まえると、ある事象と健康事象との間に、統計上、相関関係が認められても、それらの変化が偶然の一致である可能性を排除できないため、因果関係が**ない**こともある。

(5) ◯　値を正確に数えることができるものを**計数データ**といい、値を正確に数えることができない連続的なもの（測定器に表示の限界がなければ、小数点以下に無数の数字が表示されうるもの）を**計量データ**という。対象人数、受診者数などのデータは、値を正確に数えることが**できる**（例：10人）ため、計数データに当たり、身長、体重などのデータは、値を正確に数えることが**できない**ため、計量データに当たる。

問17　脳血管障害・虚血性心疾患
正解（2）

(1) ◯　出血性の脳血管障害は、脳表面のくも膜下腔に出血する**くも膜下出血**、脳実質内に出血する**脳出血**などに分類される。なお、虚血性の脳血管障害としては、一過性脳虚血発作、**脳梗塞**などが挙げられる。

(2) ✕　虚血性の脳血管障害である脳梗塞は、脳血管自体の動脈硬化性病変による**脳血栓症**と、心臓や動脈壁の血栓が剥がれて脳血管を閉

塞する**脳塞栓症**に分類される。

(3) ◯　高血圧性脳症は、急激な**血圧上昇**により脳が膨張する病気である。発症は稀だが、症状によっては、**頭痛**、けいれん、意識障害などを引き起こす可能性があり、重い後遺障害が残ることもある。

(4) ◯　虚血性心疾患は、冠動脈の閉塞等により血流障害を起こす病気である。虚血性心疾患は、心筋の一部分に**可逆的**虚血が起こる**狭心症**と、**不可逆的**な心筋壊死が起こる**心筋梗塞**とに大別される。

(5) ◯　**運動負荷心電図検査**は、運動中や仕事中に虚血性心疾患である狭心症・心筋梗塞の症状の疑いがある場合、不整脈症状、胸痛がある場合等に行われる検査である。

問18　食中毒
正解（3）

(1) ◯　**黄色ブドウ球菌**による食中毒は、食品中で増殖した時に生じる毒素（エンテロトキシン）により発症する。

(2) ◯　**サルモネラ菌**による食中毒は、食物に付着している細菌そのものの感染によって起こる**感染型食中毒**であり、**鶏卵**が原因となることがある。

(3) ✕　**腸炎ビブリオ**は熱に**弱い**ため、通常の加熱調理で死滅する。

(4) ◯　**ボツリヌス菌**は缶詰、真空包装食品等で増殖する。**毒素型**の細菌で、ボツリヌストキシンという**神経毒**を産生し、主に神経症状を

呈し致死率が高い。

（5）〇　ノロウイルスの失活化には、**煮沸消毒**や**塩素系**の**消毒剤**等が有効である。

問19　感染症
正解（4）

（1）〇　人間の抵抗力が低下した場合は、通常、多くの人には影響を及ぼさない病原体が病気を発症させることがあり、これを**日和見感染**という。代表例として、トキソプラズマ症などが挙げられる。

（2）〇　感染が成立しても症状が出ない状態を**不顕性感染**という。なお、症状が現れた状態を顕性感染という。

（3）〇　感染が成立し、症状が現れるまでの人を**キャリア**（無症状病原体保有者）といい、感染したことに気付かずに病原体をばらまく感染源になることがある。そのため、感染症対策としてはキャリアへの対応が重要となる。

（4）×　感染源の人が咳やくしゃみをして、唾液などに混じった病原体が飛散することにより感染することを**飛沫感染**といい、インフルエンザや普通感冒の代表的な感染経路である。空気感染とは、飛散して乾燥した病原体（飛沫核）を吸い込むことにより感染することである。

（5）〇　インフルエンザウイルスにはA型、B型及びC型の三つの型があるが、流行の原因となるのは、主として、**A型及びB型**である。

なお、A型とB型は12月～3月が主な感染時期であるが、C型の主な感染時期は1月～6月である。

問20　健康保持増進対策
正解（5）

（1）〇　「事業場における労働者の健康保持増進のための指針」3によると、健康保持増進対策の推進に当たっては、事業者が労働者等の**意見**を聴きつつ事業場の実態に即した取組を行うため、労使、産業医、衛生管理者等で構成される**衛生委員会**等を活用して諸項目に取り組むとともに、各項目の内容について関係者に**周知**することが必要であるとされている。

（2）〇　同指針2によると、労働者の健康の保持増進のための具体的措置としては、運動指導、**メンタルヘルスケア**、**栄養指導**、口腔保健指導、保健指導等があり、各事業場の実態に即して措置を実施していくことが必要であるとされている。

（3）〇　同指針2−①によると、健康保持増進措置は、主に生活習慣上の課題を有する労働者の健康状態の改善を目指すために**個々**の労働者に対して実施するものと、事業場全体の健康状態の改善や健康保持増進に係る取組の活性化等、生活習慣上の課題の有無に関わらず労働者を**集団**として捉えて実施するものがある。事業者はそれぞれの措置の特徴を理解したうえで、

これらの措置を効果的に**組み合わせ**て健康保持増進対策に取り組むことが望ましいとされている。

（4）○　同指針3（3）によると、事業者は、事業場における労働者の健康の保持増進に関する課題等を把握し、健康保持増進対策を推進するスタッフ等の専門的な知見も踏まえ、健康保持増進措置を検討するものとする。なお、課題の把握に当たっては、労働者の健康状態等が把握できる**客観的**な数値等を活用することが望ましいとされている。

（5）×　同指針4（2）によると、健康測定とは、健康指導を行うために実施される調査、測定等のことをいい、疾病の**早期発見**に重点をおいた健康診断を活用しつつ、追加で生活状況調査や医学的検査等を実施するものであるとされている。

━━ 労働生理 ━━

問21　呼吸
正解（3）

（1）×　肺自体には運動能力がないので、呼吸運動は**横隔膜**や**肋間筋**などの呼吸筋の協調運動によって胸郭内容積を周期的に増減し、**肺**を伸縮させることにより行われる。

（2）×　呼吸は酸素と二酸化炭素のガス交換である。肺では、肺胞へ空気を出し入れし血液中の二酸化炭素と空気中の酸素を交換してい

る。これを**外呼吸**と呼ぶ。そして細胞組織において行われるガス交換を**内呼吸**と呼ぶ。

（3）○　通常、成人の呼吸数は1分間に**16～20**回であるが、食事、入浴、発熱などによって**増加**する。

（4）×　チェーンストークス呼吸とは、**大きな呼吸**と**10～20**秒程度の**無呼吸**の周期を繰り返す呼吸のことである。中枢神経系が障害され、呼吸中枢の感受性が低下した場合や脳の低酸素状態の際にみられることとなる。

（5）×　呼吸中枢は主として動脈血の**二酸化炭素分圧**によって調節されている。血液中に二酸化炭素が増加してくると、呼吸中枢は刺激されて、呼吸は**深く**なり、呼吸数は**増加**する。

問22　心臓の働きと血液循環
正解（1）

血液循環には、肺を通る**肺循環**と、肺以外の体中をめぐる**体循環**とがある。大動脈・肺静脈には酸素に富む**動脈血**が、大静脈・肺動脈には二酸化炭素を多く含んだ**静脈血**が流れている。

体循環：左心室→大動脈→全身の器官・組織の毛細血管→大静脈→右心房

肺循環：右心室→肺動脈→肺の毛細血管→肺静脈→左心房

（1）×　自律神経のうち、交感神経は心筋に作用して心拍数と心拍出量

を増大させ、副交感神経は心拍数を下げる。しかし、心臓が規則正しく収縮・拡張を繰り返すための電気刺激の発生と伝導を行っているのは**特殊心筋**（洞房結節、房室結節、房室束、右脚・左脚、プルキンエ線維）であり、刺激伝導系といわれる。自律神経中枢で発生した刺激によるものではない。

（2）○　本問冒頭の解説を参照。体内では**肺循環**と**体循環**が交互に繰り返されている。

（3）○　本問冒頭の解説を参照。なお、**動脈血**は明るい赤色をしており、**静脈血**は赤黒い色をしている。

（4）○　脈拍とは、心臓の筋肉が一定のリズムで収縮すること（心臓の拍動）により、動脈に伝わる周期的な運動のことをいう。脈拍は、皮膚に近い部分にある橈骨動脈で測定することが多い。

（5）○　心臓自体は、大動脈の起始部から出る**冠動脈**によって酸素や栄養分の供給を受けている。なお、冠動脈は左前下行枝、左回旋枝、右冠動脈等から構成されている。

問23　脳
正解（2）

（1）○　Aは大脳皮質の**前頭葉**で、一次運動野とも呼ばれ、**運動機能中枢**、**運動性言語中枢**及び**精神機能中枢**がある。

（2）×　Bは**脳梁**で、両大脳半球間の情報伝達を行う交連線維の束である。小脳は、問題の図のCとDの間にある。

（3）○　Cは大脳皮質の**後頭葉**で、一次視覚野とも呼ばれ、**視覚**中枢がある。

（4）○　Dは延髄で、**呼吸運動**、循環器官・消化器官の働きなど、**生命維持**に重要な機能の中枢がある。そのため、延髄に障害が起こると生命が危機にさらされるおそれがある。

（5）○　Eは**間脳**の視床下部で、**自律神経系**の中枢がある。また、間脳の視床下部には、大脳皮質全域の調整の中枢もある。

問24　消化酵素
正解（1）

炭水化物（糖質）を分解する消化酵素には、**マルターゼやアミラーゼ**が挙げられる。また、脂質を分解する消化酵素には、**リパーゼ**が挙げられる。そして、蛋白質を分解する消化酵素には、**トリプシンやペプシン**が挙げられる。よって、正しい組合せは**（1）**となる。

問25　腎臓・泌尿器系
正解（5）

（1）○　血液中の蛋白質や血球は大きいため、**糸球体**からボウマン囊へは通れず、血液から**蛋白質と血球**を除いた血漿成分が濾し出されることで**原尿**ができる。

（2）○　原尿中の水分、電解質、栄養分などの成分は**尿細管**において血液中に**再吸収**された後、生成された尿は、腎盂を経て膀胱にたまり

体外に排泄される。

（3）○　尿の生成・排出は、体内の水分量やナトリウムなどの**電解質濃度**を調節するとともに生命活動に不要な物質を排泄する。水に溶ける**水溶性物質**は腎臓によって尿中に排泄され、水に溶けにくい**脂溶性物質**は、肝臓で分解、抱合など化学変化を受け、水溶性の代謝物となって尿や胆汁中に排泄される。

（4）○　尿の約95％は**水分**、残りの約5％は**固形物**で、その成分から**健康状態**を判断できるため、健康診断では尿検査が広く行われる。検査において、尿中に蛋白質や糖が含まれていることが判明すると、病気が疑われる。

（5）×　血液中の尿素窒素（BUN）の値が**高く**なる場合は、腎臓の機能の低下が考えられる。

問26　血液
正解（2）

（1）○　血液は、**血漿成分**（液体）と**有形成分**（固体）から成っている。また、血液容積の約55％を血漿成分が、約45％を**赤血球**や**白血球**、**血小板**などの有形成分が占めている。

（2）×　血漿中の蛋白質のうち、**アルブミン**は血液浸透圧の維持に関与し、**グロブリン**は免疫物質の抗体を含む。

（3）○　**ヘマトクリット**は血液中に占める**赤血球**の相対的容積であり、男性で約**45**％、女性で約**40**％である。貧血になるとその値が減少する。

（4）○　血液が損傷部位から血管外に出ると止血作用が働き、これに関与しているのが血小板と有形成分の赤血球を除く血漿中のフィブリノーゲンをはじめとする凝固因子である。凝固は**フィブリノーゲン**（線維素原）が蛋白質分解酵素トロンビンによって分解され、不溶性の**フィブリン**（線維素）に変化して網目状になる現象である。

（5）○　ABO式血液型は、赤血球と血清両方の検査を行い、A型、B型、O型、AB型を決める。赤血球では、A型にはA抗原（凝集原A）、B型にはB抗原（凝集原B）がある。AB型にはA・B両抗原があるが、O型にはA・B抗原のどちらもない。血清には、赤血球と反応する抗体があり、**A型**にはB抗原と反応する**抗B抗体**（凝集素β）、**B型**にはA抗原と反応する**抗A抗体**（凝集素α）がある。O型には抗A・抗Bの両抗体があるが、AB型には抗A・抗B抗体のどちらもない。

問27　感覚・感覚器
正解（3）

（1）○　眼軸が短すぎるため、平行光線が網膜の**後方**で像を結ぶものが**遠視**である。遠視では、近くのものも、遠くのものも見えにくいといった症状が出ることに加え、常

時ピントを合わせる必要性がある
ため、目が疲れやすくなる。

（2）〇　化学感覚とは、化学物質が刺
激になって生じる**嗅覚**と**味覚**の総
称である。嗅覚は気体の状態の化
学物質を受容したときに生じる感
覚なので、遠隔化学感覚とも呼ば
れる。一方、味覚は液体または水
溶状態にある化学物質に接触した
ときに生じる感覚なので、接触化
学感覚とも呼ばれる。

（3）×　温度感覚とは、温度刺激の受
容によって起こる感覚をいい、**温
覚**と**冷覚**の２種に区別される。こ
のうち、皮膚や粘膜などの当該局
所の温度より高い温度刺激に対し
て感じるものを温覚といい、同じ
く低い温度に対して感じるものを
冷覚という。温度感覚を感じる場
所は外表上に、温点、冷点として
点状に分布しているが、その分布
密度は、**冷点のほうが温点より２
〜10倍も大きい**。

（4）〇　**深部感覚**とは、位置覚、運動
覚、抵抗覚、重量覚により、身体
の各部分の**位置**、**運動**の状態、身
体に加わる抵抗、重量を感知する
感覚である。なお、内臓の動きや
炎症などを感じて、内臓痛を認識
する感覚は内臓痛覚である。

（5）〇　鼓室は、耳管によって咽頭に
通じており、その内圧は外気圧と
等しく保たれている。なお、慢性
中耳炎等により、鼓室に異常がみ
られる場合がある。

問28　免疫
正解（5）

（1）〇　**抗原**とは、免疫に関係する細
胞によって異物として認識される
物質のことである。なお、抗原を
体内から除去する物質が**抗体**であ
る。

（2）〇　抗原となる物質には、**蛋白質**、
糖質、毒素などがある。

（3）〇　抗原に対する免疫が、逆に、
人体の組織や細胞に傷害を与えて
しまうことを**アレルギー**といい、
反応の種類によって即発性や遅発
性に分けることができる。また、
主なアレルギー性疾患としては、
気管支ぜんそく、アトピー性皮膚
炎などがある。

（4）〇　免疫の機能が失われたり低下
したりすることを**免疫不全**とい
い、免疫不全になると、感染症に
かかりやすくなったり、がんに罹
患しやすくなったりする。なお、
免疫不全の発症原因としては、薬
や病気などが挙げられる。

（5）×　免疫には、リンパ球が産生す
る抗体によって病原体を攻撃する
体液性免疫と、リンパ球などが直
接に病原体などを取り込んで排除
する**細胞性免疫**の二つがある。

問29　筋肉
正解（5）

（1）×　筋肉は、**横紋筋**と**平滑筋**の２
つに大別される。大部分の横紋筋
は意志によって動かすことができ
る筋肉（随意筋）であり、平滑筋

は意志によって動かすことができない筋肉（不随意筋）である。しかし、横紋筋の一種である**心筋**は、例外的に、意志によって動かすこ**ができない**。よって、誤り。

（2）×　筋肉も神経も酸素不足で疲労するが、筋肉の方が疲労**しやすい**。

（3）×　荷物を持ち上げたり、屈伸運動を行うときは、筋肉の張力と負荷が釣り合いながら短縮したり伸張したりする状態である。これを**等張性収縮**という。**等尺性収縮**は筋肉がその長さを変えずに筋力を発生させている状態をいう。手で荷物を同じ位置で持ち続けたり、鉄棒にぶら下がったりした状態で生じる。

（4）×　負荷のかかる運動を行うと、筋線維に微細な損傷が発生するが適度の休息及び栄養補給で筋線維が修復される。このとき筋線維が肥大し、運動前より大きな力を発揮できるようになる。これを筋肉の**活動性肥大**という。筋線維の数が増えるのではなく、筋線維の**太さが変わる**。

（5）○　筋肉自体が収縮して出す**最大筋力**は、筋肉の単位断面積当たりの平均値でみると、性差又は年齢差がほとんど**ない**。なお、最大筋力は、1回で持ち上げることの出来る最大重量によって測定する。

問30　睡眠
正解（5）
（1）○　睡眠にはレム睡眠とノンレム睡眠がある。これらのうち、入眠の直後には**ノンレム睡眠**が生じ、これが不十分な時には、日中に眠気を催しやすい。

（2）○　同一器官に分布していても、交感神経系と副交感神経系の作用はほぼ正反対で、バランスをとって細胞の働きを調節している。日中は交感神経系が優位になり、心拍数や血圧を上げ、消化管の働きを抑えて身体を活動モードにする。睡眠中は**副交感神経系**が優位になり、血圧**低下**、心拍数**減少**、消化管の働きを**活発**にし、身体を**休息**モードに切り替える。

（3）○　睡眠と覚醒のリズムは、体内時計により約1日の周期に調節されており、体内時計の周期を外界の24時間周期に適切に同調させることができないために生じる睡眠の障害を、**概日リズム睡眠障害**という。いわゆる「時差ぼけ」や頻繁な交代勤務等が、同障害の発症原因となりうる。

（4）○　就寝直前の過食は肥満、**不眠**等の原因となるため、夕食は就寝の**2〜3時間**前に済ませておくとよいとされている。

（5）×　夜間に分泌が上昇するホルモンで、睡眠と覚醒のリズムの調節に関与しているのは、**メラトニン**である。ちなみに、セクレチンは、十二指腸から分泌される消化管ホルモンである。

解答解説
令和4年
1月〜6月実施分

問題は本冊 p.53 〜 p.72

—— 関係法令 ——
（有害業務に係るもの以外のもの）

問1　衛生管理体制
正解（1）

（1）× 常時使用する労働者数が**300人以上**の**各種商品小売業**の事業場においては、総括安全衛生管理者の選任が義務付けられている（安衛令2条2号）。

（2）○ 常時**1,000人**を超え**2,000人以下**の労働者を使用する事業場では、4人以上の衛生管理者を選任しなければならない（安衛則7条1項4号）。

（3）○ 常時50人の労働者を使用する事業場では、衛生管理者を1人選任する必要がある（安衛則7条1項4号）。さらに、**燃料小売業**の事業場では、**第二種衛生管理者免許**を有する者のうちから衛生管理者を選任することができる（安衛則7条1項3号ロ）。

（4）○ 2人以上の衛生管理者を選任する場合、そのうち1人についてはその事業場に専属でない**労働衛生コンサルタント**のうちから選任することができる（安衛則7条1項2号、10条3号）。

（5）○ 事業者は、衛生管理者を選任したときは、**遅滞なく**、所定の様式による報告書を、**所轄労働基準監督署長**に提出しなければならない（安衛則7条2項、2条2項）。

問2　総括安全衛生管理者
正解（1）

（1）× 総括安全衛生管理者は、当該事業場においてその事業の実施を**統括管理**する者をもって充てなければならない（安衛法10条2項）。「これに準ずる者」は含まれていないので誤り。

（2）○ **都道府県労働局長**は、労働災害を防止するため必要があると認めるときは、総括安全衛生管理者の業務の執行について事業者に**勧告**することができる（安衛法10条3項）。

（3）○ **総括安全衛生管理者**の選任は、総括安全衛生管理者を選任すべき事由が発生した日から**14日**以内に行わなければならない（安衛則2条1項）。

（4）○ 事業者は、総括安全衛生管理者を選任したときは、**遅滞なく**、**選任報告書**を、所轄労働基準監督署長に提出しなければならない（安衛則2条2項）。

（5）○ **危険性**又は**有害性**等の調査及びその結果に基づき講ずる措置に関することは、総括安全衛生管理者が統括管理する業務のうちの一つである（安衛則3条の2第2号）。

問3 産業医
正解 (4)

(1) ○ 常時50人以上の労働者を使用する事業場においては、厚生労働大臣の指定する者（法人に限る。）が行う産業医研修の修了者等、所定の要件を備えた医師を産業医として選任しなければならない（安衛法13条1項・2項、安衛令5条、安衛則14条2項）。しかし、事業場においてその事業の実施を**統括管理**する者は、産業医として選任することが**できない**（安衛則13条1項2号ハ）。

(2) ○ 産業医は、少なくとも**毎月1回**（産業医が、事業者から、毎月1回以上、所定の掲げる**情報の提供**を受けている場合であって、事業者の**同意**を得ているときは、少なくとも**2か月に1回**）作業場等を巡視し、作業方法又は衛生状態に有害のおそれがあるときは、直ちに、労働者の健康障害を防止するため必要な措置を講じなければならない（安衛則15条）。

(3) ○ 事業者は、産業医が**辞任**したとき又は産業医を**解任**したときは、遅滞なく、その旨及びその理由を衛生委員会又は安全衛生委員会に**報告**しなければならない（安衛則13条4項）。

(4) × このような規定は置かれていない。なお、**総括安全衛生管理者**がやむを得ない事由によって職務を行うことができないときは、代理者を選任しなければならない

（安衛則3条）ことに注意。

(5) ○ 事業者が産業医に付与すべき権限には、安衛則14条1項各号に掲げる事項（労働者の健康管理等）を実施するために必要な情報を労働者から**収集**することが含まれている（安衛則14条の4第2項2号）。

問4 定期健康診断
正解 (1)

定期健康診断項目のうち、厚生労働大臣が定める基準に基づき、医師が必要でないと認めるときは省略することができる項目については、安衛則44条2項に規定が置かれている。本問の選択肢のうち、腹囲の検査、胸部エックス線検査、心電図検査、血中脂質検査については省略できるが、**自覚症状の有無の検査**については**省略できない**。

したがって、(1) が正解となる。

問5 医師による面接指導
正解 (2)

(1) × 面接指導の対象となる労働者の要件は、原則として、休憩時間を除き1週間当たり40時間を超えて労働させた場合におけるその超えた時間が1か月当たり80時間を超え、かつ、疲労の蓄積が認められる者であることとする（安衛則52条の2第1項）。

(2) ○ 事業者は、面接指導を実施するため、**タイムカード**による記録等の客観的な方法その他の適切な方法により、労働者の労働時間の

状況を把握しなければならない（安衛法66条の8の3、安衛則52条の7の3第1項）。

（3）× 事業者は、面接指導の結果に基づき、当該面接指導の結果の記録を作成して、これを5年間保存しなければならない（安衛則52条の18第1項）。しかし、面接指導の結果を**健康診断個人票に記載する必要はない**。

（4）× 事業者は、面接指導の結果に基づき、当該労働者の健康を保持するために必要な措置について、面接指導が行われた後、**遅滞なく**医師の意見を聴かなければならない（安衛法66条の10第5項、安衛則52条の19）。

（5）× 事業者は、面接指導の結果に基づき、当該面接指導の結果の記録を作成して、これを**5年間保存**しなければならない（安衛則52条の18第1項）。

問6　ストレスチェック
正解（2）

ストレスチェックについて、医師及び保健師以外の検査の実施者として法令に定められているのは、「検査を行うために必要な知識についての研修であって厚生労働大臣が定めるものを修了した**歯科医師**、看護師、精神保健福祉士又は**公認心理師**」（安衛則52条の10第1項3号）である。

よって、（2）が正解となる。

問7　事務室の空気環境
正解（1）

（1）× 中央管理方式の空気調和設備を設けた建築物内の事務室については、空気中の一酸化炭素及び二酸化炭素の含有率を、**2か月以内**ごとに1回、定期に、測定しなければならない（事務所則7条1項1号）。6か月以内ごとに1回とする記述は誤り。

（2）○ 事務室の建築、大規模の修繕又は大規模の模様替を行ったときは、その事務室の使用開始後の所定の時期（最初に到来する6月1日から9月30日までの間）に1回、**ホルムアルデヒドの濃度**を測定しなければならない（事務所則7条の2）。

（3）○ 事務室で使用している**燃焼器具**については、発熱量が著しく少ないものを除き、**毎日**、異常の有無を点検しなければならない（事務所則6条2項）。

（4）○ 機械による換気のための設備については、**2か月以内**ごとに1回、定期に、異常の有無を点検する必要がある（事務所則9条）。

（5）○ 空気調和設備内に設けられた**排水受け**については、原則として、**1か月以内**ごとに1回、定期に、その汚れ及び閉塞の状況を点検し、必要に応じ、その清掃等を行わなければならない（事務所則9条の2第4号）。

問8 衛生基準
正解（2）

　事業者は、労働者を常時就業させる屋内作業場の**気積**を、**設備の占める容積及び床面から4mを超える高さにある空間を除き、労働者1人について、10m³以上としなければならない**（安衛則600条）。本問の場合、屋内作業場の床面から4mを超えない部分の容積が150m³であり、かつ、このうちの設備の占める分の容積が55m³なので、常時就業させる労働者は、（150－55）÷10＝**9.5人以下**である必要がある。したがって、法令上、常時就業させることのできる最大の労働者数は**9人**であり、（**2**）が正解となる。

問9 妊産婦の就業制限
正解（4）

（1）○　時間外労働・休日労働に関する労使協定を締結し、これを所轄労働基準監督署長に届け出ている場合であっても、**妊娠中又は産後1年を経過しない女性が請求した場合**には、時間外労働・休日労働をさせてはならない（労基法66条2項）。ただし、**監督又は管理の地位にある者**については、労働時間に関する規定が適用されないので（労基法41条2号）、**時間外労働・休日労働をさせることができる**。

（2）○　1か月単位の変形労働時間制を採用している場合であっても、**妊産婦が請求した場合**には、**管理監督者等の場合を除き**、1週間及

び1日それぞれの**法定労働時間を超えて労働させてはならない**（労基法66条1項）。

（3）○　1年単位の変形労働時間制を採用している場合であっても、**妊産婦が請求した場合**には、1週40時間、1日8時間の法定労働時間を超えて労働させてはならない（労基法66条1項）。ただし、妊産婦のうち、**管理監督者等**については、労働時間に関する規定が適用されないので（労基法41条2号）、**1週40時間、1日8時間を超えて労働させることができる**。

（4）×　使用者は、妊娠中の女性が請求した場合においては、他の**軽易な業務に転換させなければならない**（労基法65条3項）。**管理監督者等**の場合であってもこの規定は**適用される**ので、本選択肢は誤り。

（5）○　使用者は、生理日の就業が著しく困難な女性が休暇を請求したときは、その者を**生理日に就業させてはならない**（労基法68条）。

問10 年次有給休暇
正解（2）

　本問のように、いわゆるフルタイム勤務ではない労働者の場合、与えなければならない有給休暇の日数は、p.32の表に掲げるものとなる（労基則24条の3第3項）。本問における労働者は、週所定労働日数が4日で、雇入れの日から起算して3年6か月継続勤務しているので、（**2**）の**10日**が正解となる。

労働衛生
（有害業務に係るもの以外のもの）

問 11　必要換気量
正解（4）

　必要換気量は、下式のように算出する。式の単位は％表示なので、単位 ppm を％にそろえる。**1ppm は 0.0001%** である。設問の場合、在室人数を x 人とすると、必要換気量は、x 人× 0.016m³/h ÷（0.1 ％ － 0.04 ％）× 100 ＝ 600m³/h となる。この方程式を解くと、x は 22.5 となる。よって、在室することのできる最大の人数は（**4**）の **22 人**となる。

問 12　照明
正解（5）

(1)〇　照度の単位はルクス（lx）で、1 ルクスは光度 1 カンデラ（cd）の光源から **1m** 離れた所で、その光に垂直な面が受ける明るさである。

(2)〇　部屋の彩色は目の高さ以下は濁色とし、目より上方は明るい色がよい。

(3)〇　全般照明による照度は、局部照明による照度の **10%以上**必要である。本選択肢のように、全般照明による照度が局部照明による照度の **5 分の 1**（20%）程度である場合、上記の条件を満たしている。

(4)〇　前方から明かりを取るときは、光源からのまぶしい光が眼に直接入ったり、あるいはその反射光が眼に入らないように、眼と光源を結ぶ線と視線とが作る角度は **30°以上**になるようにする。40°以上なら問題ない。

(5)×　照明設備は、**6 か月以内ごとに 1 回**、定期に、点検する必要がある（事務所則 10 条 3 項）。

問 10 の表

週所定労働日数	1 年間の所定労働日数	雇入れの日から起算した継続勤務期間						
		6 か月	1 年6 か月	2 年6 か月	3 年6 か月	4 年6 か月	5 年6 か月	6 年6 か月以上
4 日	169 日～216 日	7 日	8 日	9 日	10 日	12 日	13 日	15 日
3 日	121 日～168 日	5 日	6 日	6 日	8 日	9 日	10 日	11 日
2 日	73 日～120 日	3 日	4 日	4 日	5 日	6 日	6 日	7 日
1 日	48 日～72 日	1 日	2 日	2 日	2 日	3 日	3 日	3 日

問 11 の式

$$必要換気量 = \frac{（室内にいる人が 1 時間に呼出する CO_2 量（m^3/h））}{（室内 CO_2 基準濃度（\%））－（外気の CO_2 濃度（\%））} \times 100$$

問13 WBGT
正解（1）

（1）× 暑さ指数（WBGT）は人体の熱収支に与える影響が大きい①気温、②湿度、③日射・ふく射など周辺の熱環境の三つの要素を取り入れたものである。単位は気温と同じ摂氏度（℃）で示す。

（2）○ 屋外で太陽照射のある場合のWBGT（湿球黒球温度）値は、次の式により算出される。WBGT＝ $0.7 ×$ 自然湿球温度＋ $0.2 ×$ 黒球温度＋ $0.1 ×$ 乾球温度

したがって、本選択肢は正しい。

（3）○ WBGTには基準値が設けられており、WBGT値よりも高いときには熱中症が起こりやすいため、この指数が熱中症予防の目安として使われている。

（4）○ WBGT基準値は、身体作業強度等に応じて5段階に分かれており、強度が増すにつれて、基準値は小さくなっていく。

（5）○ 暑さになれている人の方が、暑さになれていない人よりWBGT基準値は1〜5℃ほど高い。

問14 受動喫煙防止対策
正解（3）

（1）○ 「職場における受動喫煙防止のためのガイドライン」によると、喫煙専用室を設置する場合、出入口において、室外から室内に流入する空気の気流が、0.2m/s以上であることが必要であるとされている。

（2）○ 喫煙専用室を設置する場合、たばこの煙が室内から室外に流出しないよう、壁、天井等によって区画されていることが必要であるとされている。

（3）× 同ガイドラインには、このような規定は置かれていない。

（4）○ 喫煙専用室を設置する場合、たばこの煙が屋外又は外部の場所に排気されていることが必要であるとされている。

（5）○ 喫煙専用室を設置する場合、出入口の見やすい箇所に必要事項を記載した標識を掲示することが必要であるとされている。

問15 快適な職場環境
正解（2）

通達「事業者が講ずべき快適な職場環境の形成のための措置に関する指針」第3においては、快適な職場環境の形成のための措置の実施に関し、考慮すべき事項として、継続的かつ計画的な取組、労働者の意見の反映、個人差への配慮、潤いへの配慮の4つが規定されているが、快適な職場環境の基準値の達成は規定されていない。

したがって、（2）が正解となる。

問16 腰痛予防対策
正解（3）

（1）× 腰部保護ベルトは、個人により効果が異なるため、一律に使用するのではなく、個人毎に効果を確認してから使用の適否を判断することとされている。

（2）× 満18歳以上の**男子**労働者が人力のみにより取り扱う物の重量は、体重のおおむね**40%以下**となるように努めることとされている。

（3）○ 満18歳以上の**女子**労働者が人力のみにより取り扱う物の重量は、男性が取り扱うことのできる重量の**60%**位までとすることとされている。

（4）× 重量物取扱い作業、介護・看護作業等腰部に著しい負担のかかる作業に常時従事する労働者に対しては、当該作業に配置する際及びその後**6か月以内**ごとに1回、定期に、医師による腰痛の健康診断を実施することとされている。

（5）× 立ち作業を行う場合、床面が硬い場合は、立っているだけでも腰部への衝撃が大きいので、**クッション性のある作業靴**やマットを利用して、衝撃を緩和することとされている。

問17　虚血性心疾患
正解（1）

（1）× 心臓の筋肉に血液を送る**冠動脈**が狭くなったり、塞がったりして心筋が酸素不足に陥る状態を**虚血性心疾患**と呼ぶ。門脈ではなく冠動脈である。

（2）○ **虚血性心疾患**は、心臓の筋肉に血液を送る**冠動脈が狭くなったり、塞がったり**して心筋が酸素不足に陥る状態で、高血圧症や、喫煙、脂質異常症が発症の危険因子

となる。

（3）○ **虚血性心疾患**は、心筋の一部分に可逆的虚血が起こる**狭心症**と、不可逆的な心筋壊死が起こる**心筋梗塞**とに大別される。

（4）○ 心筋梗塞は前胸部の**激しい痛みが長時間**持続し顔面は蒼白になり、冷汗が出る。不可逆的な心筋壊死が起こるので安静によって改善することはない。

（5）○ **狭心症**は、心筋の虚血（酸素が十分供給されない）異常で血流が一時的に悪くなるもので、前胸部の痛みや胸がつまる感じが数分〜十数分持続するが、**安静により症状は改善**することが多い。

問18　メタボリックシンドローム
正解（2）

日本では、内臓脂肪の蓄積があり、かつ、血中脂質（中性脂肪、HDLコレステロール）、[A血圧]、[B空腹時血糖]の三つのうち[C二つ以上]が基準値から外れている場合にメタボリックシンドロームと診断される。

したがって、（2）が正解となる。

問19　労働衛生管理統計
正解（4）

（1）○ **相関関係**とは、「片方の値が変化すれば、もう片方も同じように変化する関係」のことであり、**因果関係**とは、「片方の変化が、もう片方に変化を与える関係」のことである。これらを踏まえると、ある事象と健康事象との間に、統

計上、相関関係が認められても、それらの変化が偶然の一致である可能性を排除できないため、因果関係がないこともある。

（2）〇 **分散**とは「データがどの程度平均値の周りにばらついているか」を表す指標である。平均値が同じであっても分散が異なっていれば、異なった特徴をもつ集団であると評価される。

（3）〇 健康管理統計において、ある**時点**（例：検査時）における有所見者の割合を**有所見率**といい、特定の**期間**において有所見とされた人の割合を**発生率**という。つまり、前者はストック、後者はフローを表す概念であるといえる。

（4）× 生体から得られたある指標が正規分布である場合、そのばらつきの程度は、**分散及び標準偏差**によって表される。

（5）〇 **静態データ**とは、ある特定時点の特定集団に関するデータであり、**動態データ**とは、ある期間の集団に関するデータである。前者の代表例は国勢調査であり、後者の代表例は毎月勤労統計調査である。

問20　食中毒
正解（5）

（1）〇 **毒素型食中毒**は、食物に付着した細菌により産生された毒素により起こる。代表的なものとして**ボツリヌス菌**、黄色ブドウ球菌によるものがある。

（2）〇 **感染型食中毒**は、食物に付着している細菌そのものの感染によって起こる。代表的なものとして**サルモネラ菌**、腸炎ビブリオ菌によるものがある。

（3）〇 **O-157**は、腸管出血性大腸菌の一種で、主に加熱不足の食肉などから摂取され、潜伏期間は3〜5日である。発症すると、**腹痛**や出血を伴う水溶性の**下痢**などを引き起こす。

（4）〇 **ノロウイルス**に感染すると、嘔吐、下痢、発熱などの症状を引き起こすこととなる。ノロウイルスによる食中毒は、**冬季**に集団食中毒として発生することが多く、潜伏期間は、**1〜2日間**である。

（5）× **腸炎ビブリオ菌**は病原性好塩菌ともいわれており、海産の魚介類に発生し、塩分2〜5%でよく発育する。熱に**弱い**ため、通常の加熱調理で死滅する。

——— 労働生理 ———

問21　呼吸
正解（3）
（1）×　肺自体には運動能力がないので、呼吸運動は**横隔膜**や**肋間筋**などの**呼吸筋**の**協調運動**によって胸郭内容積を周期的に増減し、肺を伸縮させることにより行われる。

（2）×　呼吸は酸素と二酸化炭素のガス交換である。肺では、肺胞へ空気を出し入れし血液中の二酸化炭素と空気中の酸素を交換している。これを**外呼吸**と呼ぶ。そして、細胞組織において行われるガス交換を**内呼吸**と呼ぶ。

（3）○　通常、成人の呼吸数は1分間に16〜20回であるが、精神状態や食事、入浴、発熱などによって**増加**する。

（4）×　チェーンストークス呼吸とは、**大きな呼吸**と10〜20秒程度の**無呼吸**の周期を繰り返す呼吸のことである。中枢神経系が障害され、呼吸中枢の感受性が低下した場合や脳の低酸素状態の際にみられることとなる。

（5）×　呼吸中枢は主として動脈血の**二酸化炭素分圧**によって調節されている。血液中に二酸化炭素が増加してくると、呼吸中枢は刺激されて、**呼吸は深くなり**、**呼吸数は増加**する。

問22　心臓の働きと血液循環
正解（1）
　血液循環には、肺を通る**肺循環**と、肺以外の体中をめぐる**体循環**とがある。**大動脈・肺静脈**には酸素に富む**動脈血**が、**大静脈・肺動脈**には二酸化炭素を多く含んだ**静脈血**が流れている。

> **体循環**：左心室→大動脈→全身の器官・組織の毛細血管→大静脈→右心房

> **肺循環**：右心室→肺動脈→肺の毛細血管→肺静脈→左心房

（1）×　自律神経のうち、交感神経は心筋に作用して心拍数と心拍出量を増大させ、副交感神経は心拍数を下げる。しかし、心臓が規則正しく収縮・拡張を繰り返すための**電気刺激の発生と伝導を行っているのは特殊心筋**（洞房結節、房室結節、房室束、右脚・左脚、プルキンエ線維）であり、刺激伝導系といわれる。自律神経中枢で発生した刺激によるものではない。

（2）○　本問冒頭の解説を参照。体内では肺循環と体循環が交互に繰り返されている。

（3）○　本問冒頭の解説を参照。

（4）○　**脈拍**とは、心臓の筋肉が一定のリズムで収縮すること（心臓の拍動）により、動脈に伝わる周期的な運動のことをいう。脈拍は、皮膚に近い部分にある**橈骨動脈**で測定することが多い。

（5）○　筋肉は、**横紋筋**と平滑筋の2

つに大別される。大部分の横紋筋（骨格筋など）は意思によって動かすことができる筋肉（随意筋）であり、平滑筋は意思によって動かすことができない筋肉（不随意筋）である。しかし、横紋筋の一種である心筋は、例外的に、意思によって動かすことができない。

問23 体温調節
正解（5）

（1）×　体温調節中枢は、**間脳の視床下部**にあり、産熱と放熱のバランスを維持し体温を一定に保つように機能している。

（2）×　高温にさらされ、体温が正常以上に上昇すると、**皮膚**の血管が**拡張**し血流量を増やし発汗を促して、放熱量を**増やす**。また体内の代謝活動を抑制し、熱の産生量を**減らす**。「内臓の血流量」ではなく「皮膚の血流量」、「代謝活動が亢進」ではなく「代謝活動が抑制」である。

（3）×　外部環境が変化しても生命を維持するために、体温調節をはじめ身体内部の状態を一定に保つ仕組みを**恒常性（ホメオスタシス）**という。自律神経による**神経性調節**とホルモンなどによる**体液性調節**により維持されている。

（4）×　発汗では、汗が蒸発する時の気化熱で体温を下げている。**水の気化熱**は1ml（1g）につき約**0.58kcal**、人体の**比熱**（体重1kgを1℃高めるのに要する熱量）は

約**0.83kcal**とされる。

体温調節で体温を下げる時は、体重70kgの人は70 × 0.83＝58.1kcalとなり、これは水が100ml（100g）蒸発するのにほぼ等しい熱量となり、汗**100g**をかくと体温が**1℃**上昇するのを防ぐ（下げる）ことになる。

（5）○　放熱は物理的な過程で行われ、**蒸発**には**発汗**と、皮膚や呼気から水分が失われる**不感蒸泄**がある。

問24 ホルモンと内分泌器官
正解（4）

（1）○　ガストリン：胃から分泌され、強い胃酸分泌刺激作用を持つ。

（2）○　アルドステロン：鉱質コルチコイドとも呼ばれる副腎皮質ホルモンである。体液中の塩類（ナトリウムとカリウム）のバランスを調節する。

（3）○　パラソルモン：副甲状腺から分泌され血液中のカルシウム濃度を調節する副甲状腺ホルモンである。

（4）×　コルチゾール：糖質コルチコイドとも呼ばれる**副腎皮質**ホルモンである。蛋白質を糖に変換（脱アミノ基）して、血糖量の上昇や抗炎症作用、免疫抑制効果がある。内分泌器官は、膵臓ではなく副腎皮質なので誤り。

（5）○　副腎皮質刺激ホルモン：コルチコトロピンとも呼ばれ、下垂体前葉から分泌されるホルモンであ

る。副腎皮質を活性化し、糖質コルチコイドなどの副腎皮質ホルモンの分泌を促進する働きがある。

問25　腎臓・尿
正解（3）

（1）×　血液中の**血球及び蛋白質以外**の成分は、**糸球体からボウマン嚢**に濾し出され原尿になる。尿細管ではなく「糸球体」である。

（2）×　一般に血中の蛋白質と血球は濾し出されない。

（3）○　血中のグルコースは、一旦、糸球体からボウマン嚢に濾し出され原尿となる。

（4）×　原尿中の水分、**電解質**、**糖**などの成分は**尿細管**において血液中に**再吸収**される。ボウマン嚢ではなく「尿細管」である。

（5）×　原尿中に濾し出された水分の大部分は**尿細管**から**再吸収**され、残りが尿として排出される。

問26　聴覚器官
正解（4）

（1）○　耳は、**聴覚**と**平衡感覚**をつかさどる器官で、外耳、中耳、内耳の3つの部位からできている。

（2）○　**耳介**で集められた音は、外耳道を通って鼓膜に伝わる。鼓膜に音が当たって振動すると、その振動が耳小骨で増幅されて内耳へと伝えられる。

（3）○　**内耳**は聴覚をつかさどる蝸牛と、平衡感覚をつかさどる前庭・半規管で形成されている。蝸牛に

はリンパ液が入っていて、耳小骨の振動でリンパ液が揺れ、その揺れを感覚細胞（有毛細胞）が捉えて電気信号に変え、蝸牛神経に伝えている。前庭と半規管の役割については、（4）の解説を参照。

（4）×　**半規管**は体の**回転**の方向や**速度**を感じ、**前庭**は体の**傾き**の方向や大きさを感じる。本選択肢は、これらの説明が逆になっている。

（5）○　中耳の鼓膜の奥には**鼓室**があり、鼓室は耳管で咽頭とつながっている。鼓膜の内外が同じ圧でないと、鼓膜がうまく振動しないため、鼓室の内圧は外気圧と等しく保たれている。

問27　神経系
正解（5）

（1）○　神経細胞は、1個の細胞体、1本の軸索、複数の樹状突起からなり、**ニューロン**ともいわれる。軸索は神経細胞本体からの信号を他のニューロンに伝える出力用の線維、樹状突起は他のニューロンからの信号を受け取る部分である。

（2）○　中枢神経系の神経組織のうち、神経細胞の細胞体が存在している部位のことを灰白質という。これに対し、神経細胞体がなく、有髄神経線維ばかりの部位を白質という。**脊髄**では、中心部が**灰白質**であり、その外側が**白質**である。

（3）○　白質、灰白質の説明については上記（2）の解説を参照。**大脳**

では、内側の髄質が**白質**であり、外側の皮質が**灰白質**である。

(4)○ 体性神経は感覚神経と運動神経に分かれ、自律神経に対して感覚と運動に関与する。**感覚神経**は感覚器に生じた**興奮（情報）を中枢に伝達**し、**運動神経は中枢に起きた興奮を末梢に伝える（命令）**役割を果たす。

(5)× 同一器官に分布していても、交感神経系と副交感神経系の作用はほぼ正反対で、バランスをとって細胞の働きを調節している。日中は**交感神経系**が優位になり、**心拍数や血圧を上げ、消化管の働きを抑えて身体を活動モードにする**。睡眠中は副交感神経系が優位になり、血圧低下、心拍数減少、消化管の働きを活発にし、身体を休息モードに切り替える。

問28 血液
正解（4）

(1)○ 血液は、血漿成分（液体）と有形成分（固体）から成っている。

また、血液容積の約55％を**血漿**成分が、約45％を赤血球や白血球、血小板などの有形成分が占めている。

(2)○ 血漿中の蛋白質の約60％が**アルブミン**であり、血液を正常に循環させる**浸透圧の維持**に関わる。また、体内のいろいろな物質と結合して血液中の運搬にも関わる。

(3)○ **好中球**は、白血球の約60％を占め、異物を認識し、体内に侵入してきた細菌などを貪食する。

(4)× リンパ球は、血小板ではなく**白血球**の成分でその約30％を占めている。そのうち、皮膚、脾臓、リンパ節、胸腺などに存在するTリンパ球は抗原を認識して活性化し、免疫反応を起こす。また、Bリンパ球は抗体産生に携わっている。

(5)○ 血液が損傷部位から血管外に出ると止血作用が働き、これに関与しているのが血小板と有形成分の赤血球を除く血漿中のフィブリ

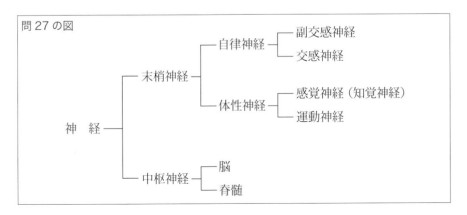

問27の図

神経 ─┬─ 末梢神経 ─┬─ 自律神経 ─┬─ 副交感神経
　　　 │　　　　　　　 │　　　　　　　 └─ 交感神経
　　　 │　　　　　　　 └─ 体性神経 ─┬─ 感覚神経（知覚神経）
　　　 │　　　　　　　　　　　　　　　 └─ 運動神経
　　　 └─ 中枢神経 ─┬─ 脳
　　　　　　　　　　　 └─ 脊髄

ノーゲンをはじめとする凝固因子である。凝固は**フィブリノーゲン（線維素原）が蛋白質分解酵素トロンビンによって分解され、不溶性のフィブリン（線維素）に変化**して網目状になる現象である。

問29　肝臓
正解（3）

　肝臓は、**コレステロールの合成、尿素の合成、胆汁の生成、血液凝固物質や血液凝固阻止物質の合成**等様々な機能を有する臓器である。なお、肝臓には、上記以外にも、**ビリルビンをグルクロン酸と結合させる働きがある**が、ビリルビンを分解する働きはない。

　したがって、（3）が誤り。

問30　脂肪・脂質
正解（2）

（1）○　胆汁は、肝臓（肝細胞）でつくられる**アルカリ性**の液体で、脂肪を乳化し消化吸収を助ける働きを担っているが、**消化酵素は含んでいない。**

（2）×　脂肪は、膵臓から分泌される消化酵素である**リパーゼ**により脂肪酸とグリセリンに分解され、小腸の絨毛から吸収される。

（3）○　問29の解説にもあるように、**肝臓**は様々な機能を有する臓器である。過剰な**蛋白質**及び**糖質**を**中性脂肪**に**変換**することも、肝臓が有する機能の一つである。

（4）○　人体の細胞膜（**神経組織**の構成成分）は**リン脂質、コレステロ**ール、蛋白質等からできている。

（5）○　ATP（アデノシン三リン酸）とは、生体がエネルギーを使うために必要となる物質である。**脂質**は、糖質や蛋白質に比べて**多くの**ATP を産生することができるので、エネルギー源として優れている。

解答解説
令和3年
7月～12月実施分
問題は本冊 p.73 ～ p.94

—— 関係法令 ——
（有害業務に係るもの以外のもの）

問1　衛生管理体制
正解（1）
（1）×　常時使用する労働者数が300人以上の**各種商品小売業**の事業場においては、総括安全衛生管理者の選任が義務付けられている（安衛令2条2号）。

（2）○　常時**1,000人を超え2,000人以下**の労働者を使用する事業場では、**4人以上**の衛生管理者を選任しなければならない（安衛則7条1項4号）。

（3）○　常時50人の労働者を使用する事業場では、衛生管理者を1人選任する必要がある（安衛則7条1項4号）。さらに、**通信業**の事業場では、**第二種衛生管理者免許**を有する者のうちから衛生管理者を選任することができる（安衛則7条1項3号ロ）。

（4）○　2人以上の衛生管理者を選任する場合、そのうち1人についてはその事業場に専属でない**労働衛生コンサルタント**のうちから選任することができる（安衛則7条1項2号、10条3号）。

（5）○　深夜業を含む業務に常時500人以上の労働者を従事させる事業場にあっては、その事業場に専属の産業医を選任することとされている（安衛則13条1項3号ヌ）。

問2　衛生委員会
正解（4）
（1）×　衛生委員会の**議長**には、総括安全衛生管理者又はその事業の実施を統括管理する者、もしくはこれに準ずる者のうちから事業者が指名した者がなる（安衛法18条4項、17条3項）。衛生管理者である委員のうちから指名するわけではない。

（2）×　衛生委員会の議長を除く委員の半数については、当該事業場に労働者の過半数で組織する労働組合があるときにおいてはその労働組合、労働者の過半数で組織する労働組合がないときにおいては労働者の過半数を代表する者の推薦に基づき、**事業者**が指名しなければならない（安衛法18条4項、17条4項）。

（3）×　衛生管理者は、その事業場に専属の者でなければならない（安衛則7条1項2号本文）。ただし、**2人以上の衛生管理者を選任する場合**において、その衛生管理者の中に**労働衛生コンサルタント**がいるときは、その**1人については、専属の者でなくてもよい**（安衛則7条1項2号ただし書き）。したがって、以上の要件を満たしていれ

41

ば、事業場に専属ではない労働衛生コンサルタントでも、衛生委員会の委員として**指名できる**（安衛法18条2項2号）。

（4）◯　衛生委員会の付議事項には、労働者の**精神的健康の保持増進**を図るための対策の樹立に関することが含まれる（安衛法18条1項4号、安衛則22条10号）。

（5）×　衛生委員会は、**毎月1回以上**開催するようにし（安衛則23条1項）、衛生委員会の議事で重要なものについては、**記録を作成し、3年間保存**しなければならない（安衛則23条4項）。

問3　総括安全衛生管理者・産業医
正解（4）

（1）◯　総括安全衛生管理者は、当該事業場においてその**事業の実施を統括管理する者**をもって充てなければならない（安衛法10条2項）。

（2）◯　**都道府県労働局長**は、労働災害を防止するため必要があると認めるときは、総括安全衛生管理者の業務の執行について事業者に**勧告**することができる（安衛法10条3項）。

（3）◯　事業者は、総括安全衛生管理者が旅行、疾病、事故その他やむを得ない事由によって職務を行うことができないときは、**代理者を選任**しなければならない（安衛則3条）。

（4）×　産業医は、少なくとも毎月1回（産業医が、事業者から毎月1回以上、①衛生管理者が行う**巡視**

の結果又は②労働者の健康障害を防止し、又は労働者の健康を保持するために必要な情報であって、衛生委員会又は安全衛生委員会における**調査審議**を経て事業者が産業医に提供することとしたものを受けている場合であって、事業者の同意を得ているときは、少なくとも**2か月に1回**）作業場等を巡視しなければならない（安衛則15条）。衛生委員会を開催した都度作成する議事概要を提供されているだけでは、巡視の頻度を2か月に1回以上にすることはできないので誤り。

（5）◯　事業者は、産業医から労働者の健康管理等について勧告を受けたときは、当該勧告の内容及び当該勧告を踏まえて講じた措置の内容（措置を講じない場合にあっては、その旨及びその理由）を記録し、これを**3年間保存**しなければならない（安衛則14条の3第2項）。

問4　雇入時の健康診断
正解（2）

（1）◯　医師による健康診断を受けた後、**3か月を経過しない**労働者を雇い入れる場合、**健康診断の結果を証明する書面を提出**したときは、当該項目に相当する項目について、**健康診断を行う必要がない**（安衛則43条）。

（2）×　法令上、このような規定は置かれていない。

（3）◯　健康診断の結果、その項目に

異常がみられた労働者について医師から行う**意見聴取は、3か月以内**に行わなければならない（安衛則51条の2第1項1号）。

(4) ○ **健康診断の結果**については、健康診断個人票を作成し、**5年間保存**しなければならない（安衛則51条）。

(5) ○ 雇入時の健康診断の結果については、所轄労働基準監督署長に**報告する必要はない**。事業者が定期健康診断結果報告を、所轄労働基準監督署長に提出する義務（安衛則52条）とは異なる。

問5 衛生基準
正解（5）

(1) × 日常行う清掃のほか、**大掃除**を、**6か月以内ごとに1回**、定期に、統一的に行うこととされている（安衛則619条1号）。1年ごとに1回では、基準に違反する。

(2) × 事業者は、常時**50人以上**又は常時女性**30人以上**の労働者を使用するときは、労働者が臥床することのできる**休養室**又は**休養所**を、**男性用**と**女性用**に区別して設けなければならない（安衛則618条）。

(3) × 事業者は、労働者を常時就業させる屋内作業場の**気積**を、設備の占める容積及び床面から4mを超える高さにある空間を除き、労働者1人について、**10m³以上**としなければならないが（安衛則600条）、本選択肢では、設備の

占める容積及び床面から4mを超える高さにある空間を除いた労働者1人当たりの気積が約8.3m³（500m³÷60人）となっているので、衛生基準に違反している。

(4) × **食堂の床面積**は、**1人1m²以上**となっている（安衛則630条2号）。1人について0.8m²であれば、基準に違反する。

(5) ○ 直接外気に向かって開放することのできる**窓の面積**が、常時、**床面積の1/20以上**であれば、換気設備を設けなくてもよい（安衛則601条1項）。本問の場合、窓の面積が床面積の1/15なので、衛生基準に違反していない。

問6 安全衛生教育
正解（3）

(1) × 事業者は**事業場の規模にかかわりなく**、雇入れ時の安全衛生教育は行わなければならない（安衛法59条1項）。

(2) × 対象となる労働者は常時使用する労働者だけではなく、**1か月以内の期間を定めて雇用する労働者**についても、安全衛生教育を行う必要がある（安衛法59条1項）。

(3) ○ 労働災害が発生する危険性が少ない**飲食店**の事業場においては、**作業手順に関すること**についての教育を**省略することができる**（安衛則35条1項ただし書、安衛令2条3号）。

(4) × **旅館業**の事業場においては、作業開始時の**点検**に関すること

ついての教育を**省略することがで
きない**（安衛則35条1項ただし書
き、安衛令2条2号）。
- （注）　なお、（3）・（4）で問われている、
特定の業種に認められていた省略
規定は、法改正により、令和6年
4月1日から削除予定である。詳
細は本冊P.1を参照。
- （5）×　法令上、このような規定は置
かれていない。なお、事業者は、
特別教育を行ったときは、当該特
別教育の受講者、科目等の記録を
作成して、これを**3年間保存**して
おかなければならない（安衛則38
条）。

問7　ストレスチェックと面接指導
正解（3）
- （1）×　常時**50人以上**の労働者を使
用する事業場においては、**1年以
内**ごとに1回、定期に、ストレス
チェックを行わなければならない
（安衛法66条の10第1項、安衛則
52条の9、労働安全衛生法に基づく
ストレスチェック制度実施マニュア
ル）。
- （2）×　検査を受けた**労働者**に対し、
当該検査を行った医師等から、遅
滞なく、当該検査の結果が通知さ
れるようにしなければならない
（安衛則52条の12）。衛生管理者
に通知する必要はない。
- （3）○　安衛法66条の10第1項、
安衛則52条の9第1号から3号
により、設問文の記述は正しい。
- （4）×　検査の結果、心理的な負担の

程度が高く、面接指導を受ける**必
要**があると当該検査を行った医師
等が認めたものが面接指導を**希望**
する旨を申し出たときは、医師に
よる面接指導を行わなければなら
ない（安衛法66条の10第3項、
安衛則52条の15）。心理的な負担
の程度が高い労働者全員に対し、
医師による面接指導を行う必要は
ない。
- （5）×　事業者は、面接指導の結果に
基づき、当該面接指導の結果の記
録を作成して、これを**5年間保存**
しなければならない（安衛則52
条の18第1項）。

問8　事務室の点検・清掃
正解（4）
- （1）○　事務室で使用している**燃焼器
具**については、発熱量が著しく少
ないものを除き、**毎日**、異常の有
無を点検しなければならない（事
務所則6条2項）。
- （2）○　機械による換気のための設備
については、**2か月以内ごとに1
回**、定期に、異常の有無を点検す
る必要がある（事務所則9条）。
- （3）○　空気調和設備内に設けられた
排水受けについては、原則として、
1か月以内ごとに1回、定期に、
その汚れ及び閉塞の状況を点検
し、必要に応じ、その清掃等を行
わなければならない（事務所則9
条の2第4号）。
- （4）×　中央管理方式の空気調和設備
を設けた建築物内の事務室につい

ては、空気中の一酸化炭素及び二酸化炭素の含有率を、**2か月以内ごとに1回**、定期に、測定しなければならない（事務所則7条1項1号）。3か月以内ごとに1回とする記述は誤り。

(5) ○ **事務室の建築、大規模の修繕又は大規模の模様替**を行ったときは、その事務室の使用開始後の所定の時期（最初に到来する6月1日から9月30日までの間）に1回、**ホルムアルデヒドの濃度を測定し**なければならない（事務所則7条の2）。

問9 年次有給休暇
正解（2）

本問のように、いわゆるフルタイム勤務ではない労働者の場合、与えなければならない有給休暇の日数は、下表に掲げるものとなる（労基則24条の3第3項）。本問における労働者は、週所定労働日数が4日で、雇入れの日から起算して3年6か月継続勤務しているので、（2）の**10日**が正解となる。

問10 妊産婦の就業制限
正解（4）

(1) ○ 労基法上、妊産婦とは、**妊娠中の女性及び産後1年**を経過しない女性のことをいう（労基法64条の3第1項）。

(2) ○ 使用者は、妊娠中の女性が請求した場合においては、他の**軽易な業務**に転換させなければならない（労基法65条3項）。

(3) ○ 1年単位の変形労働時間制を採用している場合であっても、**妊産婦が請求した場合**には、1週40時間、1日8時間の法定労働時間を超えて労働させてはならない（労基法66条1項）。ただし、妊産婦のうち、**管理監督者等**については、労働時間に関する規定が適用されないので（労基法41条2号）、**1週40時間、1日8時間**を超えて労働させることができる。

(4) × フレックスタイム制を採用した場合には、清算期間を平均し1週間当たりの労働時間が40時間を超えない範囲内において、1日**8時間又は1週40時間を超えて**

問9の表

週所定労働日数	1年間の所定労働日数	雇入れの日から起算した継続勤務期間						
		6か月	1年6か月	2年6か月	3年6か月	4年6か月	5年6か月	6年6か月以上
4日	169日〜216日	7日	8日	9日	10日	12日	13日	15日
3日	121日〜168日	5日	6日	6日	8日	9日	10日	11日
2日	73日〜120日	3日	4日	4日	5日	6日	6日	7日
1日	48日〜72日	1日	2日	2日	2日	3日	3日	3日

労働させることができる（労基法
32 条の 3、同 32 条）。

（5）○　使用者は、生理日の就業が著
しく困難な女性が休暇を請求した
ときは、その者を**生理日に就業さ
せてはならない**（労基法 68 条）。

━━━━ 労働衛生 ━━━━
（有害業務に係るもの以外のもの）

問 11　事務室の換気
正解（4）

A　○　通常、呼気には窒素が約
80％、酸素が約 16％、二酸化炭
素が約 4％含まれている。

B　×　新鮮な外気中の酸素濃度は約
21％、二酸化炭素濃度は 0.03 〜
0.04％程度である。

C　○　必要換気量は、下式のように
算出する。

D　×　必要換気量の算出に当たっ
て、室内二酸化炭素基準濃度は、
通常、0.1％とする。

　よって、誤っているものは B、D で
あり（4）が正解となる。

問 12　温熱条件
正解（5）

（1）○　日射がない場合、WBGT は次
の式により算出される。WBGT ＝
$0.7 ×$ **自然湿球温度** $+ 0.3 ×$ **黒球
温度**

（2）○　熱中症は、Ⅰ度からⅢ度まで
に分類され、重い方から順に並べ
るとⅢ度（重度）、Ⅱ度（中等度）、
Ⅰ度（軽度）となる。

（3）○　WBGT **基準値**は、既往症が
ない健康な成年男性を基準に、ば
く露されてもほとんどの者が有害
な影響を受けないレベルに相当す
るものとして設定されている。そ
のため、作業場所における WBGT
値が、WBGT 基準値を超えるお
それがある場合には、熱中症にか
かる可能性が高くなる。

（4）○　WBGT 基準値は、身体作業
強度等に応じて 5 段階に分かれて
おり、**強度が増す**につれて、**基準
値は小さく**なっていく。

（5）×　温度感覚を左右する環境条件
は、気温、湿度、気流の 3 要素（実
効温度）に**ふく射（放射）熱**を加
えた **4 つの要素**で決まる。

問 13　照明
正解（4）

（1）○　北向きの窓では、直射日光は
ほとんど入らないが、周りの空気
や建物に反射した光が入ってくる
ため、一年中**平均した明るさ**が得
られるというメリットがある。

（2）○　全般照明による照度は、局部
照明による照度の **10％以上**必要
である。本選択肢のように、全般

問 11 の式
$$必要換気量 = \frac{（室内にいる人が 1 時間に呼出する CO_2 量（m^3/h））}{（室内 CO_2 基準濃度（\%）） - （外気の CO_2 濃度（\%））} \times 100$$

照明による照度が局部照明による照度の5分の1（20％）程度である場合、上記の条件を満たしている。

(3) ○　前方から明かりを取るときは、光源からのまぶしい光が眼に直接入ったり、あるいはその反射光が眼に入らないように、眼と光源を結ぶ線と視線とが作る角度は30°以上になるようにする。40°以上なら問題ない。

(4) ×　照明設備は、6か月以内ごとに1回、定期に、点検する必要がある（事務所則10条3項）。

(5) ○　部屋の彩色は目の高さ以下は濁色とし、目より上方は明るい色がよい。

問14　受動喫煙防止対策
正解（2）

(1) ○　「職場における受動喫煙防止のためのガイドライン」によると、喫煙専用室を設置する場合、出入口において、室外から室内に流入する空気の気流が、0.2m/s以上であることが必要であるとされている。

(2) ×　同ガイドラインには、このような規定は置かれていない。

(3) ○　喫煙専用室を設置する場合、たばこの煙が室内から室外に流出しないよう、壁、天井等によって区画されていることが必要であるとされている。

(4) ○　喫煙専用室を設置する場合、たばこの煙が屋外又は外部の場所

に排気されていることが必要であるとされている。

(5) ○　喫煙専用室を設置する場合、出入口の見やすい箇所に必要事項を記載した標識を掲示することが必要であるとされている。

問15　労働衛生管理統計
正解（2）

(1) ○　値を正確に数えることができるものを計数データといい、値を正確に数えることができず連続的なもの（測定器に表示の限界がなければ、小数点以下に無数の数字が表示されうるもの）を、計量データという。健康診断においては、対象人数、受診者数などのデータは計数データに当たり、身長、体重などのデータは計量データに当たる。

(2) ×　生体から得られたある指標が正規分布である場合、そのばらつきの程度は、分散及び標準偏差によって表される。

(3) ○　分散とは「データがどの程度平均値の周りにばらついているか」を表す指標である。平均値が同じであっても分散が異なっていれば、異なった特徴をもつ集団であると評価される。

(4) ○　相関関係とは、「片方の値が変化すれば、もう片方も同じように変化する関係」のことであり、因果関係とは、「片方の変化が、もう片方に変化を与える関係」のことである。これらを踏まえると、

ある事象と健康事象との間に、統計上、相関関係が認められても、それらの変化が偶然の一致である可能性を排除できないため、因果関係がないこともある。

（5）〇　**静態データ**とは、ある特定時**点**の特定集団に関するデータであり、**動態データ**とは、ある**期間**の集団に関するデータである。前者の代表例は国勢調査であり、後者の代表例は毎月勤労統計調査である。

問16　腰痛予防対策
正解（3）

（1）×　「職場における腰痛予防対策指針」によると、事業者は、腰痛の発生要因を排除又は低減できるよう、作業動作、作業姿勢、作業手順、作業時間等について、**作業標準を策定**することとされている。

（2）×　満**18歳以上**の**男子**労働者が人力のみにより取り扱う物の重量は、体重のおおむね**40％以下**となるように努めることとされている。

（3）〇　満**18歳以上**の**女子**労働者が人力のみにより取り扱う物の重量は、男性が取り扱うことのできる重量の**60％位**までとすることとされている。

（4）×　重量物取扱い作業、介護・看護作業等腰部に著しい負担のかかる作業に常時従事する労働者に対しては、当該作業に配置する際及

びその後**6か月以内**ごとに１回、定期に、医師による腰痛の健康診断を実施することとされている。

（5）×　**腰部保護ベルト**は、個人により効果が異なるため、一律に使用するのではなく、**個人毎**に効果を確認してから使用の適否を判断することとされている。

問17　労働安全衛生マネジメントシステム
正解（5）

（1）〇　「労働安全衛生マネジメントシステムに関する指針」２条によると、この指針は、労働安全衛生法の規定に基づき機械、設備、化学物質等による危険又は健康障害を防止するため事業者が講ずべき具体的な措置を定めるものでは**ない**とされている。

（2）〇　同指針３条１号によると、労働安全衛生マネジメントシステムとは、事業場において、所定の事項を体系的かつ継続的に実施する安全衛生管理に係る一連の自主的活動に関する仕組みであって、生産管理等事業実施に係る管理と**一体**となって運用されるものをいうとされている。

（3）〇　同指針５条によると、事業者は、事業場における安全衛生水準の向上を図るための安全衛生に関する基本的考え方を示すものとして、**安全衛生方針**を表明し、労働者及び関係請負人その他の関係者に**周知**させるものとするとされて

いる。

（4）〇　同指針11条及び12条によると、事業者は、安全衛生方針に基づき設定した安全衛生目標を達成するため、事業場における危険性又は有害性等の調査の結果等に基づき、一定の期間を限り、**安全衛生計画**を**作成**するものとする。

（5）×　同指針においては、外部機関の監査を受ける義務は規定されていない。

問18　メタボリックシンドローム
正解（1）

日本人のメタボリックシンドローム診断基準で、腹部肥満（**内臓脂肪の蓄積**）とされるのは、腹囲が男性では85cm以上、女性では90cm以上の場合であり、この基準は、男女とも**内臓脂肪面積**が100cm²以上に相当する。

よって、（1）が正解となる。

問19　食中毒
正解（3）

（1）×　**毒素型食中毒**は、食物に付着した細菌により産生された毒素により起こる。代表的なものとして**ボツリヌス菌、黄色ブドウ球菌**によるものがある。

（2）×　**感染型食中毒**は、食物に付着している細菌そのものの感染によって起こる。代表的なものとして**サルモネラ菌、腸炎ビブリオ菌**によるものがある。

（3）〇　O-157は、腸管出血性大腸菌の一種で、加熱不足の食肉などか

ら摂取され、潜伏期間は3〜5日である。

（4）×　ボツリヌス菌の芽胞は熱に強いため、死滅させるには、120℃で**4分**以上の加熱が必要とされている。

（5）×　ノロウイルスの発生が多いのは**冬季**である。

問20　感染症
正解（1）

（1）×　人間の抵抗力が低下した場合は、通常、多くの人には影響を及ぼさない病原体が病気を発症させることがあり、これを**日和見感染**という。

（2）〇　感染が成立し、症状が現れるまでの人を**キャリア**（無症状病原体保有者）といい、感染したことに気付かずに病原体をばらまく感染源になることがある。なお、このように感染が成立しても症状が出ない状態を**不顕性感染**という。

（3）〇　微生物を含む飛沫の水分が蒸発して、5µm以下の小粒子として長時間空気中に浮遊し、空調などを通じて感染することを**空気感染**という。なお、感染経路には他に、**飛沫感染**と**接触感染**がある。

（4）〇　風しんは、発熱、発疹、リンパ節腫脹を特徴とするウイルス性発疹症で、免疫のない女性が妊娠初期に風しんにかかると、胎児に感染し出生児が先天性風しん症候群（CRS）となる危険性がある。こうした風しんを予防するために

は、予防接種が有効である。

(5) ○ インフルエンザウイルスには
A型、B型及びC型の三つの型が
あるが、流行の原因となるのは、
主として、**A型及びB型**である。
なお、A型とB型は12月〜3月
が主な感染時期であるが、C型の
主な感染時期は1月〜6月である。

━━━ 労働生理 ━━━

問21 呼吸
正解（5）

(1) ○ 肺自体には運動能力がないの
で、呼吸運動は**横隔膜**や**肋間筋**な
どの**呼吸筋**の**協調運動**によって胸
郭内容積を周期的に増減し、肺を
伸縮させることにより行われる。

(2) ○ 外肋間筋と横隔膜が同時に収
縮し、胸郭内容積を広げて、その
内圧を低くすることで肺へ流れ込
む空気を**吸気**という。

(3) ○ 呼吸は酸素と二酸化炭素のガ
ス交換である。肺では、肺胞へ空
気を出し入れし血液中の二酸化炭
素と空気中の酸素を交換してい
る。これを**外呼吸**と呼ぶ。なお、
細胞組織において行われるガス交
換は**内呼吸**と呼ぶ。

(4) ○ 呼吸数は、通常、1分間に16
〜20回で、成人の安静時の1回
呼吸量は、約500mLである。なお、
呼吸数は食事、入浴、発熱等によ
って増加し、1回呼吸量は運動時
に約1,000mLとなる。

(5) × 呼吸中枢は**延髄の網様体**にあ

り、ここからの刺激により呼吸に
関与する筋肉が支配されている。

問22 心臓の働きと血液循環
正解（1）

血液循環には、肺を通る**肺循環**と、
肺以外の体中をめぐる**体循環**とがある。
大動脈・肺静脈には酸素に富む動脈血
が、**大静脈・肺動脈には二酸化炭素を
多く含んだ静脈血**が流れている。

> **体循環**：左心室→大動脈→全身の器
> 官・組織の毛細血管→大静脈→右心
> 房

> **肺循環**：右心室→肺動脈→肺の毛細
> 血管→肺静脈→左心房

(1) × 本問冒頭の解説を参照。

(2) ○ 上記・体循環の流れのとおり
である。

(3) ○ 筋肉は、**横紋筋**と**平滑筋**の2
つに大別される。大部分の横紋筋
（骨格筋など）は意思によって動
かすことができる筋肉（随意筋）
であり、平滑筋は意思によって動
かすことができない筋肉（不随意
筋）である。しかし、横紋筋の一
種である**心筋**は、例外的に、意思
によって動かすことができない。

(4) ○ 心臓にある特殊心筋（洞房結
節、房室結節、房室束、右脚・左脚、
プルキンエ線維）で発生した刺激
が、刺激伝導系を介して**心筋**に伝
わることにより、心臓は規則正し
く収縮と拡張を繰り返す。

(5) ○ **動脈硬化**とは、血中のLDL

コレステロールが過剰になること
などにより、血管が硬くなって柔
軟性が失われている状態のことで
ある。進行すると、血管の破裂、
狭窄や血栓による閉塞などを招
き、脳出血、脳梗塞、心筋梗塞な
どを発症することにもつながる。

問23　体温調節
正解（2）
(1)○　寒冷にさらされ、体温が正常
以下になると、皮膚の血管が**収縮**
して血流量を**減らし**放熱量を**減ら**
すので、皮膚温は下がる。また体
内の代謝活動を高めて、熱の産生
量を増やす。

(2)×　高温にさらされ、体温が正常
以上に上昇すると、**皮膚の血管が**
拡張し血流量を増やし発汗を促し
て、放熱量を**増やす**。また体内の
代謝活動を**抑制**し、熱の産生量を
減らす。「内臓の血流量」ではな
く「皮膚の血流量」、「代謝活動が
亢進」ではなく「代謝活動が抑制」
である。

(3)○　外部環境が変化しても生命を
維持するために、体温調節をはじ
め身体内部の状態を一定に保つ仕
組みを**恒常性（ホメオスタシス）**
という。自律神経による**神経性調**
節とホルモンなどによる**体液性調**
節により維持されている。

(4)○　発汗では、汗が蒸発する時の
気化熱で体温を下げている。**水の**
気化熱は1ml（1g）につき約
0.58kcal、**人体の比熱**（体重1kg

を1℃高めるのに要する熱量）は
約**0.83kcal**とされる。

体温調節で体温を下げる時は、
体重70kgの人は70×0.83=58.1kcal
となり、これは水が100ml（100g）
蒸発するのにほぼ等しい熱量とな
り、汗100gをかくと体温が1℃
上昇するのを防ぐ（下げる）こと
になる。

(5)○　放熱は物理的な過程で行わ
れ、**蒸発**には発汗と、皮膚や呼気
から水分が失われる**不感蒸泄**があ
る。

問24　肝臓
正解（3）
肝臓は、**有害物質の分解、グリコー**
ゲンの貯蔵、血液凝固物質の合成、血
液凝固阻止物質の合成等様々な機能を
有する臓器である。なお、肝臓には、
上記以外にも、**ビリルビンをグルクロ**
ン酸と結合させる働きがあるが、ビリ
ルビンを分解する働きはない。したが
って、（3）が誤り。

問25　正常値の男女差
正解（4）
本問に挙げられているもののうち、
赤血球数、ヘモグロビン濃度、ヘマト
クリット値、基礎代謝量は、男性の方
が女性よりも高い。一方、（4）の**白血**
球数は、男女による差がないとされて
いる。

問26　蛋白質
正解（2）

(1) ○　蛋白質は、20種類のアミノ酸が結合してできており、内臓、筋肉、皮膚など人体の臓器等を構成する主成分である。このうち、人間の体内で作り出すことができない9種類のアミノ酸を**必須アミノ酸**といい、それ以外のものを非必須アミノ酸という。

(2) ×　蛋白質は、膵臓から分泌される消化酵素である**トリプシン**などによりアミノ酸に分解され、小腸から吸収される。

(3) ○　血液循環に入ったアミノ酸は、体内の各組織において蛋白質に**再合成**される。また、体内で不必要となった蛋白質は、**分解**されてアミノ酸になる。このように、蛋白質は合成と分解を繰り返して、体内で一定量に保たれている。

(4) ○　免疫グロブリンであるγ-グロブリン以外の**血漿蛋白質は肝臓**で合成され、血中へ放出される。

(5) ○　飢餓時には、肝臓などでアミノ酸などから**ブドウ糖**を生成する**糖新生**が行われる。なお、糖新生はグルココルチコイドによって**促進**され、インスリンによって**抑制**される。

問27　視覚
正解（5）

(1) ○　明るいところでは光の量を減らすために瞳孔は狭まり、**暗い**ところではより多くの光を取り入れるために瞳孔は**広がる**。

(2) ○　眼軸が短すぎるため、平行光線が**網膜の後方**で像を結ぶものが**遠視**である。遠視では、近くのものも、遠くのものも見えにくいといった症状が出ることに加え、常時ピントを合わせる必要性があるため、目が疲れやすくなる。

(3) ○　角膜が歪んでいたり、表面に凹凸がある不正形のため、像が網膜上に正しく結ばないものを**乱視**という。

(4) ○　網膜の2種類の視細胞のうち、**錐状体は明るい光と色**を感じ、**杆状体は暗い所**で働き**弱い光と明暗**を感じる。

(5) ×　明るいところから急に暗いところに入ると、初めは見えにくいが徐々に見えやすくなることを**暗順応**という。

問28　ホルモンと内分泌器官
正解（3）

(1) ○　コルチゾール：糖質コルチコイドとも呼ばれる副腎皮質ホルモンである。蛋白質を糖に変換（脱アミノ基）して、血糖量の「上昇」や抗炎症作用、免疫抑制効果がある。

(2) ○　アルドステロン：鉱質コルチコイドとも呼ばれる副腎皮質ホルモンである。体液中の塩類（ナトリウムとカリウム）のバランスを調節する。

(3) ×　メラトニン：脳の**松果体**から分泌される睡眠ホルモンともいわ

れ、**概日リズム**（体内時計による活動と睡眠の切り替わり）**調節作用**がある。ちなみに、副甲状腺から分泌され、体液中のカルシウムバランスの調節作用を有するのは**副甲状腺ホルモン**である。

（4）○ インスリン：膵臓に存在するランゲルハンス島（膵島）のB細胞（β細胞）から分泌されるペプチドホルモンである。血糖値の恒常性維持に重要なホルモンで血糖量を減少させるため、糖尿病の治療にも用いられている。

（5）○ アドレナリン：副腎髄質から分泌され、ストレス反応の中心的役割を果たし、心拍数を上げ、瞳孔を開き、血糖値を上げるなどの作用がある。

問29 代謝
正解（5）

（1）× 代謝において、細胞に取り入れられた体脂肪やグリコーゲンなどが分解されてエネルギーを発生し、**ATP**が合成されることを**異化**という。

（2）× 代謝において、体内に摂取された栄養素が、種々の化学反応によって、**ATP**に蓄えられたエネルギーを用いて、細胞を構成する蛋白質などの生体に必要な物質に合成されることを**同化**という。

（3）× **基礎代謝**は、心臓の拍動、呼吸運動、体温保持などに必要な代謝で、基礎代謝量は、**覚醒**した状態で絶対安静を保っているときの

測定値で表される。

（4）× エネルギー代謝率は、（**活動時の代謝量**）÷（**基礎代謝量**）で表される。

（5）○ エネルギー代謝率の値は、体格、性別などの個人差による影響は少なく、同じ作業であれば、ほぼ同じ値となるので、作業の強度をよく表すことができる。しかし、**静的筋作業**のように、エネルギーを消費しない作業の強度を表す指標としては用いることができない。

問30 腎臓・泌尿器系
正解（5）

（1）○ 腎動脈から腎臓に流れ込む動脈血は、**腎小体**において、糸球体からボウマン嚢へと濾し出される。血液中の蛋白質や血球は大きいため、糸球体からボウマン嚢へは通れず、血液から蛋白質と血球を除いた血漿成分が濾し出されることで**原尿**ができる。

（2）○ 原尿中の水分、電解質、**糖**などの成分は**尿細管**において血液中に**再吸収**された後、生成された尿は、腎盂を経て膀胱にたまり体外に排泄される。

（3）○ 尿は通常、淡黄色から淡黄褐色の液体で、固有の臭気を有し、**弱酸性**（pH6.0～6.5前後）である。

（4）○ 尿の生成・排出は、体内の水分量やナトリウムなどの**電解質濃度を調節**するとともに生命活動に

不要な物質を排泄する。水に溶ける**水溶性物質**は腎臓によって尿中に排泄され、水に溶けにくい**脂溶性物質**は、肝臓で分解、抱合など化学変化を受け、水溶性の代謝物となって尿や胆汁中に排泄される。

(5) **×** 血液中の尿素窒素（BUN）の値が**高くなる**場合は、腎臓の機能の**低下**が考えられる。

解答解説 令和3年 1月〜6月実施分

問題は本冊 p.95 〜 p.114

— 関係法令 —
(有害業務に係るもの以外のもの)

問1 衛生管理体制
正解（1）

(1) ○ 事業者は、衛生管理者を選任したときは、**遅滞なく**、所定の様式による報告書を、**所轄労働基準監督署長**に提出しなければならない（安衛則7条2項、2条2項）。

(2) × 常時 **2,000 人を超え 3,000 人以下**の労働者を使用する事業場では、**5人以上の衛生管理者を選任**しなければならない（安衛則7条1項4号）。4人とする記述は誤り。

(3) × 常時 50 人の労働者を使用する事業場では、衛生管理者を1人選任する必要がある（安衛則7条1項4号）。さらに、**警備業**の事業場では、**第二種衛生管理者免許**を有する者のうちから衛生管理者を選任することができる（安衛則7条1項3号ロ）。

(4) × 常時 **1,000 人以上**の労働者を使用する事業場では、その事業場に**専属の産業医**を選任する必要がある（安衛則13条1項3号）。

(5) × 常時 **500 人を超える**労働者を使用する事業場で、坑内労働又は

労基則 18 条1号、3号から5号まで若しくは9号に掲げる業務に常時 30 人以上の労働者を従事させるものにあっては、衛生管理者のうち**1人を衛生工学衛生管理者免許**を受けた者のうちから選任することとされている（安衛則7条1項6号）。また、**深夜業**は労基則18条各号に掲げる業務に当たらないので誤り。

問2 総括安全衛生管理者
正解（5）

本問に挙げられている業種のうち、**通信業、各種商品小売業、旅館業、ゴルフ場業**は、常時使用する労働者数が**300 人以上**の事業場において、総括安全衛生管理者の選任が義務付けられている（安衛令2条2号）。(5) の**医療業**は、常時使用する労働者数が**1,000 人以上**の事業場において、総括安全衛生管理者の選任が義務付けられている（安衛令2条3号）。

問3 産業医
正解（4）

(1) ○ 産業医を選任した事業者は、産業医に対し、労働者の業務に関する**情報**であって産業医が労働者の健康管理等を適切に行うために必要と認めるものを**提供**しなければならない（安衛法13条4項、安衛則14条の2第1項3号）。

(2) ○ 産業医を選任した事業者は、その事業場における産業医の業務の具体的な**内容**、産業医に対する

健康相談の申出の方法、産業医による労働者の心身の状態に関する情報の取扱いの方法を、常時各作業場の見やすい場所に掲示し、又は備え付ける等の方法により、労働者に周知させなければならない（安衛法101条2項、安衛則98条の2第1項・2項・3項）。

（3）○　産業医は、衛生委員会又は安全衛生委員会に対して労働者の健康を確保する観点から必要な**調査審議**を求めることができる（安衛則23条5項）。

（4）×　産業医は、少なくとも毎月1回（産業医が、事業者から毎月1回以上、①衛生管理者が行う**巡視の結果**又は②労働者の健康障害を防止し、又は労働者の健康を保持するために必要な情報であって、衛生委員会又は安全衛生委員会における**調査審議**を経て事業者が産業医に提供することとしたものを受けている場合であって、事業者の同意を得ているときは、少なくとも**2か月に1回**）作業場等を巡視しなければならない（安衛則15条）。衛生委員会を開催した都度作成する議事概要を提供されているだけでは、巡視の頻度を2か月に1回以上にすることはできないので誤り。

（5）○　事業者は、産業医から労働者の健康管理等について勧告を受けたときは、当該勧告の内容及び当該勧告を踏まえて講じた措置の内容（措置を講じない場合にあって

は、その旨及びその理由）を記録し、これを**3年間保存**しなければならない（安衛則14条の3第2項）。

問4　一般健康診断
正解（2）

（1）○　医師による健康診断を受けた後、**3か月を経過しない**労働者を雇い入れる場合、**健康診断の結果を証明する書面を提出**したときは、当該項目に相当する項目について、**健康診断を行う必要がない**（安衛則43条）。

（2）×　定期健康診断においては、45歳未満の者（35歳及び40歳の者を除く。）については、医師が適当と認める聴力（1,000ヘルツ又は4,000ヘルツの音に係る聴力を除く。）の検査をもって代えることができる（安衛則44条4項）が、雇入時の健康診断においては、このような規定が置かれていない。

（3）○　深夜業を含む特定の業務に常時従事する労働者に対しては、**6か月以内ごとに1回**、定期に、健康診断を行う必要があるが、**胸部エックス線検査**及び喀痰検査については、**1年以内ごとに1回**、定期に行えばよいとされている（安衛則45条1項）。

（4）○　健康診断の結果、その項目に異常がみられた労働者について医師から行う**意見聴取は、3か月以内**に行わなければならない（安衛則51条の2第1項1号）。

（5）○　雇入時の健康診断の結果につ

いては、所轄労働基準監督署長に**報告する必要はない**。事業者が定期健康診断結果報告を、所轄労働基準監督署長に提出する義務（安衛則52条）とは異なる。

問5 ストレスチェックと面接指導
正解（3）

（1）× 常時**50人以上**の労働者を使用する事業場においては、**1年以内**ごとに1回、定期に、ストレスチェックを行わなければならない（安衛法66条の10第1項、安衛則52条の9、労働安全衛生法に基づくストレスチェック制度実施マニュアル）。

（2）× 検査を受けた**労働者**に対し、当該検査を行った医師等から、遅滞なく、当該検査の結果が通知されるようにしなければならない（安衛則52条の12）。衛生管理者に通知する必要はない。

（3）○ 安衛法66条の10第1項、安衛則52条の9第1号から3号により、設問文の記述は正しい。

（4）× 検査の結果、心理的な負担の程度が高く、面接指導を受ける**必要がある**と当該検査を行った医師等が認めたものが面接指導を**希望**する旨を申し出たときは、医師による面接指導を行わなければならない（安衛法66条の10第3項、安衛則52条の15）。心理的な負担の程度が高い労働者全員に対し、医師による面接指導を行う必要はない。

（5）× 事業者は、面接指導の結果に基づき、当該面接指導の結果の記録を作成して、これを**5年間保存**しなければならない（安衛則52条の18第1項）。

問6 安全衛生教育
正解（4）

選択肢のうち、法令上、金融業の事業場において省略できるものは、Bの**作業開始時の点検**に関すること（安衛則35条1項4号）とDの**作業手順**に関すること（安衛則35条1項3号）である。よって、（4）が正解となる。

（注）なお、特定の業種に認められていた省略規定は、法改正により、令和6年4月1日から削除予定である。詳細は本冊P.1を参照。

問7 衛生基準
正解（5）

（1）× 日常行う清掃のほか、**大掃除**を、**6か月以内ごとに1回**、定期に、統一的に行うこととされている（安衛則619条1号）。1年ごとに1回では、基準に違反する。

（2）× 事業者は、常時**50人以上**又は常時女性30人以上の労働者を使用するときは、労働者が臥床することのできる**休養室**又は**休養所**を、**男性用**と**女性用**に区別して設けなければならない（安衛則618条）。

（3）× 事業者は、坑内等特殊な作業場以外の作業場において、男性用小便所の箇所数を同時に就業する男性労働者**30人以内ごとに1個以上**としなければならない（安衛則628条1項3号）。

なお、この規定は令和3年12月1日施行の改正点に該当するが、実質的な内容は変わらない。

（4）× 食堂の床面積は、1人1m²以上となっている（安衛則630条2号）。1人について0.8m²であれば、基準に違反する。

（5）○ 直接外気に向かって開放することのできる窓の面積が、常時、床面積の1/20以上であれば、換気設備を設けなくてもよい（安衛則601条1項）。本問の場合、窓の面積が床面積の1/15なので、衛生基準に違反していない。

問8　事務室の空気環境の調整
正解（1）

事務所則5条1項1号及び3号によると、空気調和設備又は機械換気設備を設けている場合は、室に供給される空気が、以下の基準に適合するように当該設備を調整しなければならない。
①1気圧、温度25℃とした場合の当該空気1m³中に含まれる浮遊粉じん量が A 0.15 mg以下であること。
②1気圧、温度25℃とした場合の当該空気1m³中に含まれるホルムアルデヒドの量が B 0.1 mg以下であること。
よって、Aには0.15、Bには0.1が入り、（1）が正解となる。

問9　労働時間
正解（4）

（1）× 本選択肢は労基法36条に規定されているものであるが、本選択肢以外にも、例えば同法32条

の2第1項において、労使協定又は就業規則その他これに準ずるものにより、1か月以内の一定の期間を平均し1週間当たりの労働時間が同法32条1項の労働時間を超えない定めをしたときは、1日8時間を超えて労働させることができる（変形労働時間制）。よって、本選択肢は誤っている。

（2）× 労働時間は、事業場を異にする場合においても、労働時間に関する規定の適用については通算する（労基法38条1項）。

（3）× 使用者は、労働時間が6時間を超える場合においては少なくとも45分、8時間を超える場合においては少なくとも1時間の休憩時間を労働時間の途中に与えなければならない（労基法34条1項）。

（4）○ 機密の事務を取り扱う労働者については、所轄労働基準監督署長の許可を受けなくても労働時間、休憩及び休日に関する規定は適用されない（労基法41条2号）。

（5）× 監視又は断続的の労働に従事する労働者であって、所轄労働基準監督署長の許可を受けたものについては、労働時間、休憩及び休日に関する規定は適用されない（労基法41条3号、労基則34条）。年次有給休暇に関する規定は適用されるので誤り。

問10　年次有給休暇
正解（3）

本問のように、いわゆるフルタイム

勤務ではない労働者の場合、与えなければならない有給休暇の日数は、下表に掲げるものとなる（労基則24条の3第3項）。

本問における労働者は、週所定労働日数が4日で、雇入れの日から起算して3年6か月継続勤務しているので、（3）の**10日**が正解となる。

━━━ 労働衛生 ━━━
（有害業務に係るもの以外のもの）

問11 事務室の換気
正解（4）
A ○ 通常、呼気には窒素が約80%、酸素が約16%、二酸化炭素が約4%含まれている。

B × 新鮮な外気中の酸素濃度は約21%、二酸化炭素濃度は0.03～0.04%程度である。

C ○ 必要換気量は、下式のように算出する。

D × 必要換気量の算出に当たって、室内二酸化炭素基準濃度は、通常、0.1%とする。

よって、誤っているものはB、Dであり（4）が正解となる。

問12 温熱条件
正解（1）
（1）× 温熱要素は、気温、湿度、気流の3要素（実効温度）に輻射（放射）熱を加えたもので、修正実効温度ともいう。

（2）○ 実効温度とは、温度感覚を表す指標として用いられるもので、感覚温度ともいわれる。具体的には、気温、湿度、気流の総合効果を実験的に求め、その程度を一つの温度目盛で表したものである。

（3）○ WBGT（湿球黒球温度）は、労働環境において作業者が受ける暑熱環境による熱ストレスの評価を行う簡便な指標で、屋内の場合

問10の表

週所定労働日数	1年間の所定労働日数	雇入れの日から起算した継続勤務期間						
		6か月	1年6か月	2年6か月	3年6か月	4年6か月	5年6か月	6年6か月以上
4日	169日～216日	7日	8日	9日	10日	12日	13日	15日
3日	121日～168日	5日	6日	6日	8日	9日	10日	11日
2日	73日～120日	3日	4日	4日	5日	6日	6日	7日
1日	48日～72日	1日	2日	2日	2日	3日	3日	3日

問11の式

$$必要換気量 = \frac{(室内にいる人が1時間に呼出するCO_2量（m^3/h）)}{(室内CO_2基準濃度（\%）) - (外気のCO_2濃度（\%）)} \times 100$$

の値は次の式により算出される。

WBGT ＝ 0.7 ×**自然湿球温度**＋0.3 ×**黒球温度**

なお、令和3年7月26日に施行された改正により、WBGT 算出区分が「日射がない場合」又は「日射がある場合」に変更されたが、計算式に変更はない。

（4）○　**暑さになれている人**の方が、暑さになれていない人より WBGT**基準値は 1 ～ ℃ほど高い**。

（5）○　**相対湿度**は、「空気中の水蒸気量÷飽和水蒸気量× 100」の計算式で求める。

問 13　照明
正解（4）

（1）○　**北向きの窓**では、直射日光はほとんど入らないが、周りの空気や建物に反射した光が入ってくるため、一年中**平均した明るさ**が得られるというメリットがある。

（2）○　**全般照明**による照度は、局部照明による照度の **10%以上**必要である。本選択肢のように、全般照明による照度が局部照明による照度の **5分の1**（20％）程度である場合、上記の条件を満たしている。

（3）○　前方から明かりを取るときは、光源からのまぶしい光が眼に直接入ったり、あるいはその反射光が眼に入らないように、眼と光源を結ぶ線と視線とが作る角度は **30°以上**になるようにする。**40°**程度なら問題ない。

（4）×　照明設備は、**6か月以内ごと**に 1 回、定期に、点検する必要がある（事務所則 10 条 3 項）。

（5）○　部屋の彩色は**目の高さ以下**は**濁色**とし、目より上方は**明るい色**がよい。

問 14　労働衛生管理統計
正解（1）

（1）×　生体から得られたある指標が正規分布である場合、そのバラツキの程度は、**分散及び標準偏差**によって表される。

（2）○　**分散**とは「データがどの程度平均値の周りにばらついているか」を表す指標である。平均値が同じであっても分散が異なっていれば、異なった特徴をもつ集団であると評価される。

（3）○　健康管理統計において、ある時点での検査につき異常がみられた者を有所見者という。また、有所見者の割合を**有所見率**といい、このように、ある特定時点における特定集団のデータを**静態データ**という。

（4）○　値を正確に数えることができるものを**計数データ**といい、値を正確に数えることができず連続的なもの（測定器に表示の限界がなければ、小数点以下に無数の数字が表示されうるもの）を、**計量データ**という。健康診断においては、対象人数、受診者数などのデータは計数データに当たり、身長、体重などのデータは計量データに当たる。

（5）○　**相関関係**とは、「片方の値が

変化すれば、もう片方も同じように変化する関係」のことであり、**因果関係**とは、「片方の変化が、もう片方に変化を与える関係」のことである。これらを踏まえると、ある事象と健康事象との間に、統計上、相関関係が認められても、それらの変化が偶然の一致である可能性を排除できないため、因果関係がないこともある。

問15　腰痛予防対策
正解（5）

（1）×　**腰部保護ベルト**は、個人により効果が異なるため、一律に使用するのではなく、**個人毎**に効果を確認してから使用の適否を判断することとされている。

（2）×　満**18歳**以上の**男子**労働者が人力のみにより取り扱う物の重量は、体重のおおむね**40%**以下となるように努めることとされている。

（3）×　重量物取扱い作業、介護・看護作業等腰部に著しい負担のかかる作業に常時従事する労働者に対しては、当該作業に配置する際及びその後**6か月以内**ごとに1回、定期に、医師による腰痛の健康診断を実施することとされている。

（4）×　立ち作業を行う場合、床面が硬い場合は、立っているだけでも腰部への衝撃が大きいので、**クッション性のある作業靴**やマットを利用して、衝撃を緩和することとされている。

（5）○　腰掛け作業の場合の作業姿勢

は、椅子に**深く腰を掛けて、背もたれ**で体幹を支え、履物の**足裏全体**が床に接する姿勢を基本とすることとされている。

問16　出血・止血法
正解（4）

（1）○　体内の血液の約20%が急速に失われると「出血性ショック」という重度な状態になり、約**30%**（約3分の1）を失えば、生命に危険が及ぶ。

（2）○　傷口が泥で汚れているときは、化膿を防ぐため、**水道水**でよく洗い流すべきである。

（3）○　静脈からの出血又は動脈からの出血でも、一般市民が行う応急手当としては出血部位を直接圧迫する**直接圧迫法が基本**である。この方法で止血できない場合には、手足に限って**止血帯法**を行う。

（4）×　**静脈性出血**は、赤黒い血が持続的に湧き出るような出血である。擦り傷のときにみられ、傷口から少しずつにじみ出るような出血は、毛細血管性出血である。

（5）○　**止血帯**は、他の止血方法では止血が困難で、出血により生命の危機が切迫している場合に使用する。なお現在消防庁は、医療管理下で止血帯を緩めるよう推奨している。

問17　虚血性心疾患
正解（1）

（1）×　心臓の筋肉に血液を送る**冠動脈**が狭くなったり、塞がったりし

て心筋が酸素不足に陥る状態を**虚血性心疾患**と呼ぶ。門脈ではなく冠動脈である。

（2）○ **虚血性心疾患**は、心臓の筋肉に血液を送る**冠動脈が狭くなったり、塞がったり**して心筋が酸素不足に陥る状態で、高血圧症や、喫煙、脂質異常症が発症の危険因子となる。

（3）○ **虚血性心疾患**は、心筋の一部分に可逆的虚血が起こる**狭心症**と、不可逆的な心筋壊死が起こる**心筋梗塞**とに大別される。

（4）○ **心筋梗塞**は前胸部の**激しい痛みが長時間**持続し顔面は蒼白になり、冷汗が出る。不可逆的な心筋壊死が起こるので安静によって改善することはない。

（5）○ **狭心症**は、心筋の虚血（酸素が十分供給されない）異常で血流が一時的に悪くなるもので、前胸部の痛みや胸がつまる感じが数分〜十数分持続するが、**安静により症状は改善**することが多い。

問18 食中毒
正解（4）

（1）○ 黄色ブドウ球菌がつくる毒素（エンテロトキシン）は**熱に強い**。

（2）○ ボツリヌス菌は缶詰、真空包装食品等で増殖する毒素型の細菌で、ボツリヌストキシンという**神経毒**を産生し、主に神経症状を呈し致死率が高い。

（3）○ 腸炎ビブリオ菌は、**病原性好塩菌**ともいわれる。海産の魚介類

に発生し、塩分2〜5％でよく発育する。

（4）× **サルモネラ菌**による食中毒は、食物に付着している細菌そのものの感染によって起こる**感染型食中毒**である。食物に付着した細菌により産生された毒素によって発症するのは毒素型食中毒であり、代表的なものとしてボツリヌス菌、黄色ブドウ球菌によるものがある。

（5）○ ウェルシュ菌、セレウス菌及びカンピロバクターは、**細菌性食中毒**の原因菌である。

問19 ★情報機器作業のガイドライン
正解（3）

（1）○ ディスプレイを用いる場合のディスプレイ画面上における照度は**500ルクス以下**を目安とする。
（注）令和3年12月1日に施行されたガイドラインの改正により、ディスプレイ画面上における照度の基準に関する記述が削除された。そのため、**現在では本選択肢も×となる。**

（2）○ ディスプレイを置く位置を工夫して、グレアが生じないようにする必要があるとされている。

（3）× ディスプレイは、おおむね**40cm以上の視距離**を確保し、画面の上端が、**眼と同じ高さか、やや下になる**ようにする。

（4）○ 1日の情報機器作業の作業時間が**4時間未満**である労働者については、情報機器作業に係る定期

健康診断を、**自覚症状を訴える者**を対象に実施することとされている。なお、1日の情報機器作業の作業時間が4時間以上である労働者については、情報機器作業に係る定期健康診断を、全ての者を対象に実施することとされている。

(5) ○ 情報機器作業を行う作業者の配置後の健康状態を定期的に把握し、継続的な健康管理を適正に進めるため、情報機器作業の作業区分に応じて、作業者に対し、**1年以内**ごとに1回、定期健康診断を実施することとされている。

問20 労働安全衛生マネジメントシステム

正解（5）

(1) ○ 「労働安全衛生マネジメントシステムに関する指針」2条によると、この指針は、労働安全衛生法の規定に基づき機械、設備、化学物質等による危険又は健康障害を防止するため事業者が講ずべき具体的な措置を定めるものでは**ない**とされている。

(2) ○ 同指針3条1号によると、労働安全衛生マネジメントシステムとは、事業場において、所定の事項を体系的かつ継続的に実施する安全衛生管理に係る一連の自主的活動に関する仕組みであって、生産管理等事業実施に係る管理と**一体**となって運用されるものをいうとされている。

(3) ○ 同指針5条によると、事業者は、

事業場における安全衛生水準の向上を図るための安全衛生に関する基本的考え方を示すものとして、**安全衛生方針**を表明し、労働者及び関係請負人その他の関係者に**周知**させるものとするとされている。

(4) ○ 同指針11条及び12条によると、事業者は、安全衛生方針に基づき設定した安全衛生目標を達成するため、事業場における危険性又は有害性等の調査の結果等に基づき、一定の期間を限り、**安全衛生計画を作成**するものとする。

(5) × 同指針においては、外部機関の監査を受ける義務は規定されていない。

── 労働生理 ──

問21 神経系

正解（5）

(1) ○ 神経細胞は、1個の細胞体、1本の軸索、複数の樹状突起からなり、**ニューロン**ともいわれる。軸索は神経細胞本体からの信号を他のニューロンに伝える出力用の線維、樹状突起は他のニューロンからの信号を受け取る部分である。

(2) ○ 神経は「中枢神経」（脳・脊髄）と「末梢神経」に分けられる。また、末梢神経は、**意志**によって身体の各部を動かす「**体性神経**」と**意志に関係なく**刺激に反応して身体の機能を調整する「**自律神経**」に分けられる。具体的には、運動及び感覚に関与するのが体性神経、呼

吸、循環などに関与するのが自律
神経である。

（3）〇　大脳の**外側の皮質**は、神経細
胞が集まっている**灰白質**で、感覚、
運動、思考等の作用を支配する。

（4）〇　同一器官に分布していても、
交感神経系と副交感神経系の作用
はほぼ**正反対**で、バランスをとっ
て細胞の働きを調節している。日
中は**交感神経系が優位**になり、**心
拍数や血圧を上げ、消化管の働き
を抑えて身体を活動モード**にす
る。睡眠中は副交感神経系が優位
になり、血圧低下、心拍数減少、
消化管の働きを活発にし、身体を
休息モードに切り替える。

（5）×　解説（4）参照。

問22　心臓の働きと血液循環
正解（1）
　血液循環には、肺を通る**肺循環**と、
肺以外の体中をめぐる**体循環**とがある。
大動脈・肺静脈には酸素に富む**動脈血**
が、**大静脈・肺動脈**には二酸化炭素を
多く含んだ**静脈血**が流れている。

体循環：左心室→大動脈→全身の器
官・組織の毛細血管→大静脈→右心
房

肺循環：右心室→肺動脈→肺の毛細
血管→肺静脈→左心房

（1）×　自律神経のうち、交感神経は
心筋に作用して心拍数と心拍出量
を増大させ、副交感神経は心拍数
を下げる。しかし、心臓が規則正

しく収縮・拡張を繰り返すための
**電気刺激の発生と伝導を行ってい
るのは特殊心筋**（洞房結節、房室
結節、房室束、右脚・左脚、プル
キンエ線維）であり、刺激伝導系
といわれる。自律神経中枢で発生
した刺激によるものではない。

（2）〇　本問冒頭の解説を参照。体内
では肺循環と体循環が交互に繰り
返されている。

（3）〇　本問冒頭の解説を参照。

（4）〇　**脈拍**とは、心臓の筋肉が一定
のリズムで収縮すること（心臓の
拍動）により、動脈に伝わる周期
的な運動のことをいう。脈拍は、
皮膚に近い部分にある**橈骨動脈**で
測定することが多い。

（5）〇　**動脈硬化**とは、血中のLDL
コレステロールが過剰になること
などにより、血管が硬くなって柔
軟性が失われている状態のことで
ある。進行すると、血管の破裂、
狭窄や血栓による閉塞などを招
き、脳出血、脳梗塞、心筋梗塞な
どを発症することにもつながる。

問23　消化器系
正解（3）
（1）〇　糖質はブドウ糖や果糖などの
単糖に、**蛋白質**はアミノ酸に、**脂肪
は脂肪酸とグリセリン**に、それぞれ
酵素により分解され、吸収される。

（2）〇　**無機塩**やビタミン類は、酵素
による**分解を受けない**でそのまま
腸壁から吸収される。

（3）×　膵臓は、**消化酵素を含む膵液**

を十二指腸に分泌するとともに、血糖値を調節するホルモンを血液中に分泌する。

(4)○ ペプシノーゲンは胃の中の酸性環境により、分解されてペプシンとなる。ペプシンは蛋白質分解酵素であり、蛋白質をアミノ酸に分解する。

(5)○ 小腸の粘膜には**絨毛**というビロード状の突起があり、小腸の表面積を大きくしている。

問24 呼吸
正解（1）

(1)× 肺自体には運動能力がないので、呼吸運動は**横隔膜**や**肋間筋**などの**呼吸筋**の**協調運動**によって胸郭内容積を周期的に増減し、肺を伸縮させることにより行われる。

(2)○ 外肋間筋と横隔膜が同時に収縮し、胸郭内容積を広げて、その内圧を低くすることで肺へ流れ込む空気を**吸気**という。

(3)○ 呼吸は酸素と二酸化炭素のガス交換である。肺では、肺胞へ空気を出し入れし血液中の二酸化炭素と空気中の酸素を交換している。これを**肺呼吸**又は**外呼吸**と呼ぶ。

(4)○ 肺呼吸又は外呼吸によって血液中に取り入れられた酸素は、血管から組織液中に移り、細胞内に達する。細胞から組織液中に出た二酸化炭素は、血管内の血液に溶け込み、肺に送られる。このように組織内部で行われるガス交換の過程を**組織呼吸**又は**内呼吸**と呼ぶ。

(5)○ 呼吸中枢は主として動脈血の**二酸化炭素分圧**によって調節されている。血液中に二酸化炭素が増加してくると、呼吸中枢は刺激されて、肺でのガス交換の量が多くなる。

問25 腎臓・泌尿器系
正解（5）

(1)○ 腎動脈から腎臓に流れ込む動脈血は、**腎小体**において、糸球体からボウマン嚢へと濾し出される。血液中の蛋白質や血球は大きいため、糸球体からボウマン嚢へは通れず、血液から蛋白質と血球を除いた血漿成分が濾し出されることで**原尿**ができる。

(2)○ 原尿中の水分、電解質、**糖**などの成分は**尿細管**において血液中に**再吸収**された後、生成された尿は、腎盂を経て膀胱にたまり体外に排泄される。

(3)○ 尿は通常、淡黄色から淡黄褐色の液体で、固有の臭気を有し、**弱酸性**（pH6.0〜6.5前後）である。

(4)○ 尿の生成・排出は、体内の水分量やナトリウムなどの**電解質濃度を調節**するとともに生命活動に不要な物質を排泄する。水に溶ける**水溶性物質**は腎臓によって尿中に排泄され、水に溶けにくい**脂溶性物質**は、肝臓で分解、抱合など化学変化を受け、水溶性の代謝物となって尿や胆汁中に排泄される。

(5)× 尿の約95%は水分、残りの

約5％は固形物で、その成分から健康状態を判断できるため、健康診断では尿検査が広く行われるが、尿素窒素は**血液検査**で測定される。

問26　代謝
正解（5）
（1）×　代謝において、細胞に取り入れられた体脂肪やグリコーゲンなどが分解されてエネルギーを発生し、ATP が合成されることを**異化**という。

（2）×　代謝において、体内に摂取された栄養素が、種々の化学反応によって、ATP に蓄えられたエネルギーを用いて、細胞を構成する蛋白質などの生体に必要な物質に合成されることを**同化**という。

（3）×　**基礎代謝**は、心臓の拍動、呼吸運動、体温保持などに必要な代謝で、基礎代謝量は、**覚醒**した状態で絶対安静を保っているときの測定値で表される。

（4）×　エネルギー代謝率は、（**活動時の代謝量**）÷（**基礎代謝量**）で表される。

（5）○　エネルギー代謝率の値は、体格、性別などの個人差による影響は少なく、同じ作業であれば、ほぼ同じ値となるので、作業の強度をよく表すことができる。しかし、**精神的作業**や**静的筋作業**のように、エネルギーを消費しない作業の強度を表す指標としては用いることができない。

問27　聴覚器官
正解（4）
（1）○　耳は、**聴覚**と**平衡感覚**をつかさどる器官で、外耳、中耳、内耳の３つの部位からできている。

（2）○　**耳介**で集められた音は、外耳道を通って鼓膜に伝わる。鼓膜に音が当たって振動すると、その振動が耳小骨で増幅されて内耳へと伝えられる。

（3）○　**内耳**は聴覚をつかさどる蝸牛と、平衡感覚をつかさどる前庭・半規管で形成されている。蝸牛にはリンパ液が入っていて、耳小骨の振動でリンパ液が揺れ、その揺れを感覚細胞（有毛細胞）が捉えて電気信号に変え、蝸牛神経に伝えている。前庭と半規管の役割については、（4）の解説を参照。

（4）×　**半規管**は体の**回転**の方向や**速度**を感じ、**前庭**は体の**傾き**の方向や**大きさ**を感じる。本選択肢は、これらの説明が逆になっている。

（5）○　中耳の鼓膜の奥には**鼓室**があり、鼓室は耳管で咽頭とつながっている。鼓膜の内外が同じ圧でないと、鼓膜がうまく振動しないため、鼓室の内圧は外気圧と等しく保たれている。

問28　抗体
正解（4）
抗体とは、体内に入ってきた A 抗原 に対して B 体液性 免疫において作られる C 免疫グロブリン と呼ばれる蛋白質のことで、 A 抗原 に特異的

に結合し、A 抗原 の働きを抑える働きがある。

したがって、正しい組合せは（**4**）である。

問29 体温調節
正解（**2**）

（1）○　寒冷にさらされ、体温が正常以下になると、皮膚の血管が**収縮**して血流量を**減らし**放熱量を**減ら**すので、皮膚温は下がる。また体内の代謝活動を高めて、熱の産生量を増やす。

（2）×　高温にさらされ、体温が正常以上に上昇すると、**皮膚**の血管が**拡張**し血流量を増やし発汗を促して、放熱量を**増やす**。また体内の代謝活動を**抑制**し、熱の産生量を**減らす**。「内臓の血流量」ではなく「皮膚の血流量」、「代謝活動が亢進」ではなく「代謝活動が抑制」である。

（3）○　外部環境が変化しても生命を維持するために、体温調節をはじめ身体内部の状態を一定に保つ仕組みを**恒常性（ホメオスタシス）**という。自律神経による**神経性調節**とホルモンなどによる**体液性調節**により維持されている。

（4）○　発汗では、汗が蒸発する時の気化熱で体温を下げている。**水の気化熱**は1ml（1g）につき約**0.58kcal**、**人体の比熱**（体重1kgを1℃高めるのに要する熱量）は約**0.83kcal**とされる。

体温調節で体温を下げる時は、

体重70kgの人は 70 × 0.83 ＝ 58.1kcal となり、これは水が100ml（100g）蒸発するのにほぼ等しい熱量となり、汗100gをかくと体温が1℃上昇するのを防ぐ（下げる）ことになる。

（5）○　放熱は物理的な過程で行われ、**蒸発**には**発汗**と、皮膚や呼気から水分が失われる**不感蒸泄**がある。

問30 睡眠
正解（**4**）

（1）○　**サーカディアンリズム**が乱れると、疲労や時差ボケ、不眠症などの睡眠障害の原因となる。

（2）○　睡眠には、浅い眠りの**レム睡眠**と、深い眠りの**ノンレム睡眠**がある。

（3）○　**コルチゾール**は、副腎皮質から分泌されるステロイドホルモンである。主な働きは、血糖値の調整、肝臓での糖の新生、抗炎症および免疫抑制などで、生体にとって必須のホルモンといえる。また、通常、その分泌量は明け方から増加し始め、起床前後で最大となる。

（4）×　（2）参照。**レム睡眠**は、浅い眠りである。ちなみに、本問は、**ノンレム睡眠**についての説明である。

（5）○　**メラトニン**は、体内時計の調節に関係し、睡眠と覚醒のリズムを調節する働きがあるホルモンの一つである。

解 答 解 説

令和2年
7月～12月実施分

問題は本冊p.115～p.136

――― **関係法令** ―――
（有害業務に係るもの以外のもの）

問1　衛生管理体制
正解（1）

（1）○　事業者は、衛生管理者を選任したときは、**遅滞なく**、所定の様式による報告書を、**所轄労働基準監督署長**に提出しなければならない（安衛則7条2項、2条2項）。

（2）×　常時50人以上200人以下の労働者を使用する事業場では、衛生管理者を1人選任する必要がある（安衛則7条1項4号）。しかし、**電気業**の事業場では、第一種衛生管理者免許若しくは衛生工学衛生管理者免許を有する者又は安衛則10条各号に掲げる者のうちから衛生管理者を選任しなければならない（安衛則7条1項3号イ）。したがって、**第二種衛生管理者**免許を有する者を衛生管理者に選任することは**できない**ので、誤り。

（3）×　常時1,000人を超え2,000人以下の労働者を使用する事業場では、**4人以上の衛生管理者を選任**しなければならない（安衛則7条1項4号）。3人とする記述は誤り。

（4）×　常時3,000人を超える労働者を使用する事業場では、**衛生管理者6人以上の選任**が必要である（安衛則7条1項4号）。さらに、衛生管理者は、その事業場に専属の者でなければならない（安衛則7条1項2号本文）。ただし、**2人以上の衛生管理者を選任する場合**において、その衛生管理者の中に**労働衛生コンサルタント**がいるときは、その**1人**については、**専属の者でなくてもよい**（安衛則7条1項2号ただし書き）。6人のうち2人が労働衛生コンサルタントであっても、どちらか1人が専属でなければ違法である。

（5）×　常時1,000人を超える労働者を使用する事業場では、衛生管理者のうち少なくとも**1人を専任の衛生管理者**としなければならない（安衛則7条1項5号イ）。常時2,000人以上であっても、専任の衛生管理者は1人で足りるので誤り。

問2　衛生管理者
正解（5）

（1）○　安衛法12条1項、同法10条1項3号により、設問文の記述は正しい。

（2）○　安衛法12条1項、同法10条1項4号により、設問文の記述は正しい。

（3）○　安衛法12条1項、同法10条1項5号、安衛則3条の2第1号により、設問文の記述は正しい。

（4）○　衛生管理者は、少なくとも**毎週1回作業場等を巡視**し、設備、

作業方法又は衛生状態に有害のおそれがあるときは、直ちに、労働者の健康障害を防止するため必要な措置を講じなければならない（安衛則11条1項）。

(5) ✕ 事業者によって選任された**産業医**が行う業務である（安衛法13条5項）。

問3 産業医
正解（4）

(1) ○ 常時50人以上の労働者を使用する事業場においては、厚生労働大臣の指定する者（法人に限る。）が行う産業医研修の修了者等、所定の要件を備えた医師を産業医として選任しなければならない（安衛法13条1項・2項、安衛令5条、安衛則14条2項）。しかし、事業場においてその事業の実施を**統括管理**する者は、産業医として選任することが**できない**（安衛則13条1項2号ハ）。

(2) ○ 産業医は、少なくとも**毎月1回**（産業医が、事業者から、毎月1回以上、所定の掲げる**情報の提供**を受けている場合であって、事業者の**同意**を得ているときは、少なくとも**2か月に1回**）作業場等を巡視し、作業方法又は衛生状態に有害のおそれがあるときは、直ちに、労働者の健康障害を防止するため必要な措置を講じなければならない（安衛則15条）。

(3) ○ 事業者は、産業医が**辞任**したとき又は産業医を**解任**したとき

は、遅滞なく、その旨及びその理由を衛生委員会又は安全衛生委員会に**報告**しなければならない（安衛則13条4項）。

(4) ✕ このような規定は置かれていない。なお、**総括安全衛生管理者**がやむを得ない事由によって職務を行うことができないときは、代理者を選任しなければならない（安衛則3条）ことに注意。

(5) ○ 事業者が産業医に付与すべき権限には、安衛則14条1項各号に掲げる事項（労働者の健康管理等）を実施するために必要な情報を労働者から**収集**することが含まれている（安衛則14条の4第2項2号）。

問4 一般健康診断
正解（2）

(1) ○ 医師による健康診断を受けた後、**3か月を経過しない**労働者を雇い入れる場合、健康診断の結果を証明する書面を提出したときは、当該項目に相当する項目について、健康診断を行う必要がない（安衛則43条）。

(2) ✕ **定期健康診断**においては、45歳未満の者（35歳及び40歳の者を除く。）については、医師が適当と認める聴力（1,000ヘルツ又は4,000ヘルツの音に係る聴力を除く。）の検査をもって代えることができる（安衛則44条4項）が、雇入時の健康診断においては、このような規定が置かれていない。

令和2年7月〜12月実施分

（3）○ 海外に6か月以上派遣して、帰国した労働者について、国内の業務に就かせるときは、**一時的な就業の場合を除いて**、海外派遣労働者健康診断を行わなければならない（安衛則45条の2第2項）。

（4）○ 雇入時の健康診断の結果については、所轄労働基準監督署長に**報告する必要はない**。事業者が定期健康診断結果報告を、所轄労働基準監督署長に提出する義務（安衛則52条）とは異なる。

（5）○ 定期健康診断の結果報告は、常時**50人以上**の労働者を使用する事業場に**報告義務**があり（安衛則52条1項）、常時40人の労働者を使用する事業場においては、報告をしなくてもよい。

問5　ストレスチェックと面接指導
正解（3）

（1）× 法令上、面接指導を行う医師として、当該事業場の産業医を指名しなければならない旨は**規定されていない**（安衛法66条の10第3項等参照）。

（2）× 事業者は、面接指導の結果に基づき、当該面接指導の結果の記録を作成して、これを5年間保存しなければならない（安衛則52条の18第1項）。しかし、面接指導の結果を**健康診断個人票に記載する必要はない**。

（3）○ ストレスチェックの結果が通知された労働者であって、心理的な負担の程度が労働者の健康の保持を考慮して厚生労働省令で定める要件に該当するものが面接指導を受けることを希望する旨を申し出たときは、**医師**による**面接指導**を行わなければならない（安衛法66条の10第3項）。

（4）× 事業者は、面接指導の対象となる要件に該当する労働者から申出があったときは、**遅滞なく**、面接指導を行わなければならない（安衛則52条の16第2項、52条の15）。

（5）× 事業者は、面接指導の結果に基づき、当該労働者の健康を保持するために必要な措置について、面接指導が行われた後、**遅滞なく医師の意見を聴かなければならない**（安衛法66条の10第5項、安衛則52条の19）。

問6　雇入れ時の安全衛生教育
正解（3）

（1）× 事業者は**事業場の規模にかかわりなく**、雇入れ時の安全衛生教育は行わなければならない（安衛法59条1項）。

（2）× 対象となる労働者は常時使用する労働者だけではなく、**1か月以内**の期間を定めて雇用する労働者についても、安全衛生教育を行う必要がある（安衛法59条1項）。

（3）○ 労働災害が発生する危険性が少ない**飲食店**の事業場においては、**作業手順**に関することについての教育を**省略することができる**（安衛則35条1項ただし書き、安衛

令2条3号)。

(4)× 旅館業の事業場においては、作業開始時の**点検**に関することについての教育を**省略することができない**(安衛則35条1項ただし書き、安衛令2条2号)。

(注) なお、(3)・(4)で問われている、特定の業種に認められていた省略規定は、法改正により、令和6年4月1日から削除予定である。詳細は本冊P.1を参照。

(5)× 法令上、このような規定は置かれていない。なお、事業者は、**特別教育**を行ったときは、当該特別教育の受講者、科目等の記録を作成して、これを**3年間保存して**おかなければならない(安衛則38条)。

問7 衛生基準
正解(2)

事業者は、労働者を常時就業させる屋内作業場の**気積**を、**設備の占める容**積及び床面から**4mを超える**高さにある空間を**除き**、労働者1人について、**10m³**以上としなければならない(安衛則600条)。本問の場合、屋内作業場の床面から4mを超えない部分の容積が150m³であり、かつ、このうちの設備の占める分の容積が55m³なので、常時就業させる労働者は、(150 − 55)÷ 10 = **9.5人以下**である必要がある。したがって、法令上、常時就業させることのできる最大の労働者数は**9人**であり、(2)が正解となる。

問8 事務室の点検・清掃
正解(4)

(1)○ 事務室で使用している**燃焼器具**については、発熱量が著しく少ないものを除き、**毎日**、異常の有無を点検しなければならない(事務所則6条2項)。

(2)○ 機械による換気のための設備については、**2か月以内ごとに1回**、定期に、異常の有無を点検する必要がある(事務所則9条)。

(3)○ 空気調和設備内に設けられた**排水受け**については、原則として、**1か月以内ごとに1回**、定期に、その汚れ及び閉塞の状況を点検し、必要に応じ、その清掃等を行わなければならない(事務所則9条の2第4号)。

(4)× 中央管理方式の空気調和設備を設けた建築物内の事務室については、空気中の一酸化炭素及び二酸化炭素の含有率を、**2か月以内ごとに1回**、定期に、測定しなければならない(事務所則7条1項1号)。6か月以内ごとに1回とする記述は誤り。

(5)○ 事務室の建築、大規模の修繕又は大規模の模様替を行ったときは、その事務室の使用開始後の所定の時期(最初に到来する6月1日から9月30日までの間)に1回、**ホルムアルデヒド**の濃度を測定しなければならない(事務所則7条の2)。

問9　労働時間
正解（4）

（1）×　本選択肢は労基法36条に規定されているものであるが、本選択肢以外にも、例えば同法32条の2第1項において、労使協定又は就業規則その他これに準ずるものにより、1か月以内の一定の期間を平均し1週間当たりの労働時間が同法32条1項の労働時間を超えない定めをしたときは、1日8時間を超えて労働させることができる（変形労働時間制）。よって、本選択肢は誤っている。

（2）×　労働時間は、事業場を異にする場合においても、労働時間に関する規定の適用については**通算する**（労基法38条1項）。

（3）×　使用者は、労働時間が6時間を超える場合においては少なくとも45分、**8時間を超える場合**においては少なくとも**1時間**の休憩時間を労働時間の途中に与えなければならない（労基法34条1項）。本選択肢の場合、所定労働時間が7時間30分であり、延長する労働時間が1時間なので、労働時間は8時間30分となる。よって、少なくとも1時間の休憩時間を労働時間の途中に与えなければならない。

（4）○　監視又は断続的労働に従事する労働者であって、所轄労働基準監督署長の許可を受けたものについては、労働時間、休憩及び休日に関する規定は適用されない（労基法41条3号、労基則34条）。

（5）×　フレックスタイム制の清算期間は、**3か月以内**の期間に限られる（労基法32条の3第1項2号）。

問10　育児時間
正解（1）

（1）×　生後満**1年**に達しない生児を育てる**女性**労働者は、使用者に対して、その生児を育てるための時間を**請求する**ことができる、と規定されている（労基法67条）。

（2）○　労基法には、育児時間を有給としなければならないという**定めはない**。よって、育児時間を無給とすることもできる。

（3）○　原則として、1日2回、1回当たり少なくとも**30分**の育児時間を請求できる、と規定されている（労基法67条）。

（4）○　育児時間を**請求しない女性**労働者に対して、使用者に育児時間を**与える法的義務はない**（労基法67条）。

（5）○　原則として、育児時間を**どの時間に請求する**かは、**本人の自由**であると解されている。したがって、始業時間の直後又は終業時間の直前に請求してきた場合であっても、使用者はこれを拒否できない。

労働衛生
（有害業務に係るもの以外のもの）

問11　必要換気量
正解（2）

必要換気量は、p.73の式のように算

出する。式の単位は％表示なので、単位 ppm を％にそろえる。**1ppm は 0.0001％である。**設問の場合、在室人数を x 人とすると、必要換気量は、x 人 × 0.018m³/h ÷（0.1％ − 0.04％）× 100 = 500m³/h となる。この方程式を解くと、x は約 16.7 となる。よって、在室することのできる最大の人数は（2）の **16 人**となる。

問12　温熱条件
正解（4）

（1）○　温熱要素は、**気温、湿度、気流の 3 要素**（実効温度）に**ふく射（放射）熱**を加えたもので、修正実効温度ともいう。

（2）○　**実効温度**とは、温度感覚を表す指標として用いられるもので、感覚温度ともいわれる。具体的には、**気温、湿度、気流**の総合効果を実験的に求め、その程度を一つの温度目盛りで表したものである。

（3）○　**相対湿度**は、空気中の水蒸気量とそのときの温度における飽和水蒸気量との比を百分率（％）で表したもので、**乾球温度と湿球温度**から算出することができる。

（4）×　屋外で太陽照射がない場合の WBGT は、「0.7 ×**自然湿球温度**＋ 0.3 ×**黒球温度**」という式で算出することができる。

　なお、令和 3 年 7 月 26 日に施行された改正により、WBGT 算出区分が「日射がない場合」又は「日射がある場合」に変更されたが、計算式に変更はない。

（5）○　WBGT 値が WBGT 基準値を超える（おそれがある）場合には、①**冷房**などにより、作業場所の WBGT 値の低減を図ること、②身体作業強度（代謝率レベル）の**低い**作業に変更すること、③WBGT 基準値より低い WBGT 値での作業に変更することなどの対策が必要である。

問13　照明
正解（4）

（1）○　前方から明かりを取るときは、光源からのまぶしい光が眼に直接入ったり、あるいはその反射光が眼に入らないように、眼と光源を結ぶ線と視線とが作る角度は **30°以上**になるようにする。40°程度なら問題ない。

（2）○　照明設備は、**6 か月以内ごとに 1 回**、定期に、点検する必要がある(事務所則 10 条 3 項)。その際、汚れなどがあれば清掃や交換を行うことが必要である。

（3）○　全般照明による照度は、局部照明による照度の **10％以上**必要である。本選択肢のように、全般照明による照度が局部照明による

問11 の式
$$必要換気量 = \frac{（室内にいる人が 1 時間に呼出する CO_2 量（m^3/h））}{（室内 CO_2 基準濃度（\%））−（外気の CO_2 濃度（\%））} × 100$$

照度の5分の1 (20%) 程度である場合、上記の条件を満たしている。

(4) ×　照度の単位はルクス (lx) で、1ルクスは光度1カンデラ (cd) の光源から**1m 離れた**所で、その光に垂直な面が受ける明るさである。

(5) ○　明度は物体面の明るさを表すものである。彩度は色の鮮やかさの度合いで、彩度が高くなると色がきつくなる。室内の彩色では、**明度を高くすると照度を上げる**効果はあるが、**彩度を高くしすぎる**と**交感神経の緊張**を招き、疲労を招きやすい。

問14　メンタルヘルスケア
正解（2）

(1) ○　「労働者の心の健康の保持増進のための指針」2 -①によると、心の健康については、客観的な測定方法が十分確立しておらず、その評価には労働者本人から心身の状況に関する情報を取得する必要があり、さらに、心の健康問題の発生過程には個人差が大きく、そのプロセスの把握が難しいとされている。

(2) ×　同指針2柱書によると、心の健康づくり計画の実施に当たっては、ストレスチェック制度の活用や職場環境等の改善を通じて、**メンタルヘルス不調を未然に防止する「一次予防」**、メンタルヘルス不調を早期に発見し、適切な措置を行う「**二次予防**」及びメンタルヘルス不調となった労働者の**職場復帰の支援等**を行う「**三次予防**」が円滑に行われるようにする必要があるとされている。

(3) ○　同指針2 -③によると、労働者の心の健康は、職場配置、人事異動、職場の組織等の人事労務管理と密接に関係する要因によって大きな影響を受けるため、メンタルヘルスケアは、人事労務管理と連携しなければ、適切に進まない場合が多いとされている。

(4) ○　同指針2 -④によると、心の健康問題は、職場のストレス要因のみならず家庭・個人生活等の職場外のストレス要因の影響を受けている場合も多いとされている。

(5) ○　同指針7 (1) によると、メンタルヘルスケアを推進するに当たって、労働者の個人情報を主治医等の医療職や家族から取得する際には、事業者はあらかじめこれらの情報を取得する目的を労働者に明らかにして承諾を得るとともに、これらの情報は労働者本人から提出を受けることが望ましいとされている。

問15　健康測定（運動機能検査）
正解（2）

(1) ○　筋力の測定には、握力検査が用いられる。

(2) ×　柔軟性の測定には、**長座位体前屈**が用いられる。上体起こしは**筋持久力**の測定に用いられる。

(3)○　平衡性の測定には、閉眼（又は開眼）片足立ちが用いられる。

(4)○　敏しょう性の測定には、全身反応時間が用いられる。

(5)○　全身持久性の測定には、最大酸素摂取量が用いられる。

問16 ★情報機器作業のガイドライン
正解（4）

(1)○　ディスプレイを用いる場合のディスプレイ画面上における照度は**500ルクス以下**を目安とする。**（注）**令和3年12月1日に施行されたガイドラインの改正により、ディスプレイ画面上における照度の基準に関する記述が削除された。そのため、**現在では本選択肢も×となる。**

(2)○　書類上及びキーボード上における照度は**300ルクス以上**を目安とする。

(3)○　ディスプレイを置く位置を工夫して、グレアが生じないようにする必要があるとされている。

(4)×　ディスプレイは、おおむね**40cm以上**の視距離を確保し、画面の上端が、**眼と同じ高さ**か、**やや下**になるようにする。

(5)○　1日の情報機器作業の作業時間が**4時間未満**である労働者については、情報機器作業に係る定期健康診断を、**自覚症状を訴える者**を対象に実施することとされている。なお、1日の情報機器作業の作業時間が4時間以上である労働者については、情報機器作業に係

る定期健康診断を、全ての者を対象に実施することとされている。

問17 出血・止血法
正解（4）

(1)○　体内の血液の約20％が急速に失われると「出血性ショック」という重度な状態になり、約**30％（約3分の1）**を失えば、生命に危険が及ぶ。

(2)○　傷口が泥で汚れているときは、化膿を防ぐため、**水道水**でよく洗い流すべきである。

(3)○　静脈からの出血又は動脈からの出血でも、一般市民が行う応急手当としては出血部位を直接圧迫する**直接圧迫法が基本**である。この方法で止血できない場合には、手足に限って**止血帯法**を行う。

(4)×　**毛細血管性出血**は、転んですりむいたときや、指の先や腕を少し切ったときにみられ、**血がにじみ出る**ような出血である。傷口からゆっくり持続的に湧き出るような出血は、静脈性出血である。

(5)○　**止血帯**は、他の止血方法では止血が困難で、出血により生命の危機が切迫している場合に使用する。なお現在消防庁は、医療管理下で止血帯を緩めるよう推奨している。

問18 一次救命処置
正解（3）

（注）新型コロナウイルス感染症流行下においては、すべての心停止傷病者に感染の疑いがあるものとして対

応する。以下は平時の解説である。

（1）〇　傷病者に反応がある場合は、**回復体位**をとらせて安静にして、経過を観察する。

（2）〇　一次救命処置を行う場合には、周囲の者に 119 番通報と AED の手配を依頼する等して、できる限り**単独で行うことは避ける**こととされている。

（3）×　人工呼吸の 1 回換気量の目安は、傷病者の胸の上がりを確認できる程度で、過大な換気量は避け、呼気吹き込みは**約 1 秒**かけて行う。

（4）〇　胸骨圧迫の部位は胸骨の下半分で、深さは胸が**約 5cm** 沈む（6cmを超えない）ように圧迫する。1分間当たり **100 ～ 120 回**のテンポで圧迫する。

（5）〇　AED を用いた場合に、電気ショックを行った後や電気ショックは不要と判断されたときは、**音声メッセージに従い、胸骨圧迫を再開**する。

問 19　細菌性食中毒
正解（1）

（1）×　**サルモネラ菌**による食中毒は、食物に付着している細菌そのものの感染によって起こる**感染型食中毒**である。食物に付着した細菌により産生された毒素によって発症するのは毒素型食中毒であり、代表的なものとしてボツリヌス菌、黄色ブドウ球菌によるものがある。

（2）〇　**ボツリヌス菌**は缶詰、真空包装食品等で増殖する毒素型の細菌で、ボツリヌストキシンという**神経毒**を産生し、主に神経症状を呈し致死率が高い。

（3）〇　黄色ブドウ球菌がつくる毒素（エンテロトキシン）は**熱に強い**。

（4）〇　腸炎ビブリオ菌は、**病原性好塩菌**ともいわれる。海産の魚介類に発生し、塩分 2 ～ 5％でよく発育する。

（5）〇　セレウス菌は毒素型の、カンピロバクターは感染型の、いずれも**細菌性食中毒**の原因菌である。

問 20　腰痛予防対策
正解（1）

（1）×　**腰部保護ベルト**は、個人により効果が異なるため、一律に使用するのではなく、**個人毎**に効果を確認してから使用の適否を判断することとされている。

（2）〇　取り扱う物の重量は、できるだけ**明示**し、著しく重心の偏っている荷物は、その旨を**明示**することとされている。

（3）〇　重量物を取り扱うときは、急激な身体の移動をなくし、前屈やねり等の不自然な姿勢はとらず、かつ、身体の重心の移動を少なくする等できるだけ**腰部に負担をかけない姿勢**で行うこととされている。

（4）〇　重量物を持ち上げたり、押したりする動作をするときは、できるだけ身体を対象物に**近づけ**、重

心を**低く**するような姿勢をとること とされている。

(5) ○ 重量物取扱い作業、介護・看 護作業等腰部に著しい負担のかか る作業に常時従事する労働者に対 しては、当該作業に配置する際及 びその後**6か月以内**ごとに1回、 定期に、医師による腰痛の健康診 断を実施することとされている。

━━ 労働生理 ━━

問21 神経系
正解（5）
(1) ○ 神経細胞は、1個の細胞体、 1本の軸索、複数の樹状突起から なり、**ニューロン**ともいわれる。 軸索は神経細胞本体からの信号を 他のニューロンに伝える出力用の 線維、樹状突起は他のニューロン からの信号を受け取る部分であ る。

(2) ○ 神経は「中枢神経」（脳・脊髄） と「末梢神経」に分けられる。また、 末梢神経は、**意志**によって身体の 各部を動かす「**体性神経**」と意志 に関係なく刺激に反応して身体の 機能を調整する「**自律神経**」に分 けられる。具体的には、運動及び 感覚に関与するのが体性神経、呼 吸、循環などに関与するのが自律 神経である。

(3) ○ 大脳の**外側**の**皮質**は、神経細 胞が集まっている**灰白質**で、感覚、 運動、思考等の作用を支配する。

(4) ○ 同一器官に分布していても、

交感神経系と**副交感神経系**の作用 はほぼ**正反対**で、バランスをとっ て細胞の働きを調節している。日 中は**交感神経系が優位**になり、**心 拍数や血圧を上げ**、**消化管の働き を抑えて身体を活動モード**にす る。睡眠中は副交感神経系が優位 になり、血圧低下、心拍数減少、 消化管の働きを活発にし、身体を 休息モードに切り替える。

(5) × 解説（4）参照。

問22 肝臓
正解（3）
肝臓は、**コレステロールの合成、尿 素の合成、胆汁の生成、グリコーゲン の合成及び分解**等様々な機能を有する 臓器である。なお、肝臓には、上記以 外にも、**ビリルビンをグルクロン酸と 結合させる**働きがあるが、ビリルビン を分解する働きはない。したがって、 （3）が誤り。

問23 睡眠
正解（2）
(1) ○ 睡眠には、**浅い眠りのレム睡 眠**と、**深い眠りのノンレム睡眠**が ある。

(2) × 夜間に分泌が上昇するホルモ ンで、睡眠と覚醒のリズムの調節 に関与しているのは、**メラトニン** である。ちなみに、甲状腺ホルモ ンには、新陳代謝の過程を刺激し 促進する作用がある。

(3) ○ **就寝前の過食**は肥満、**不眠**等 の原因となるため、夕食は就寝の

2〜3時間前に済ませておくとよいとされている。

（4）○　光を浴びるとメラトニンの分泌が抑制され、快眠が難しくなりがちである。やむを得ず昼間に睡眠をとる際は、音や光の遮断、温度の調整等を行うのがよいとされている。

（5）○　睡眠中は、**体温**や血圧が**低下**し、心拍数や呼吸数が**減少**する。

問24　消化器系
正解（1）

（1）✕　栄養素は酵素によって、**糖質はブドウ糖**などに、**蛋白質はアミノ酸**に、**脂肪は脂肪酸とグリセリン**に、分解されて吸収される。

（2）○　**無機塩やビタミン類**は、酵素による**分解を受けないで**そのまま腸壁から吸収される。

（3）○　栄養分は体内に吸収されると**血液中の血漿やリンパ**によって全身の組織に運ばれ、エネルギー源や組織成分の形成として利用される。

（4）○　胃で分泌される胃液には塩酸やペプシノーゲンが含まれており、これらの成分が**消化を助ける**働きを担っている。ちなみに、水分は主に腸で吸収される。

（5）○　小腸は、栄養分の吸収と輸送を行う長さ**6〜7m**の管状の器官で、消化管の約**80**％を占めている。上から順に**十二指腸、空腸、回腸**の3つに区分される。

問25　腎臓・尿
正解（5）

A　○　ネフロン（腎単位）とは、腎臓の基本的な機能単位であり、腎小体とそれに続く1本の尿細管のことである。左右の各腎臓にそれぞれ100万個ほど存在しており、各ネフロンでは、ろ過、再吸収、分泌、濃縮が行われ、尿が作られる。

B　○　尿の約95％は水分、残りの約5％は固形物で、その**成分から健康状態を判断できる**ため、健康診断では尿検査が広く行われる。検査において、尿中に蛋白質や糖が含まれていることが判明すると、病気が疑われる。

C　✕　**糖**は、糸球体から**ボウマン嚢に濾し出される**が、尿細管で再吸収されるため尿中には排出されない。

D　✕　一般に血中の**蛋白質**と**血球**は**ボウマン嚢に濾し出されない**。

　したがって、誤りの組合せは**C、D**の（5）である。

問26　血液
正解（1）

（1）○　血漿中の蛋白質の約60％が**アルブミン**であり、血液を正常に循環させる**浸透圧の維持**に関わる。また、体内のいろいろな物質と結合して血液中の運搬にも関わる。

（2）✕　血液の**凝集反応**とは、赤血球にある**凝集原**と他人の血清中の**凝集素**が抗原抗体反応を起こし赤血

球が寄り集まることである。

（3）×　血液が損傷部位から血管外に出ると止血作用が働き、これに関与しているのが**血小板**と有形成分の**赤血球を除く**血漿中のフィブリノーゲンをはじめとする凝固因子である。凝固は**フィブリノーゲン**（線維素原）が蛋白質分解酵素トロンビンによって分解され、不溶性の**フィブリン**（線維素）に変化して網目状に変化する現象である。

（4）×　ヘマトクリットは血液の容積に対する**赤血球の相対的容積**である。

（5）×　体内に侵入してきたウイルスや細菌を貪食する作用があるのは、**白血球**である。血小板には止血作用がある。解説（3）参照。

問27　感覚器官
正解（4）

（1）○　眼軸が短すぎるため、平行光線が**網膜の後方**で像を結ぶものが**遠視**である。遠視では、近くのものも、遠くのものも見えにくいといった症状が出ることに加え、常時ピントを合わせる必要性があるため、目が疲れやすくなる。

（2）○　**化学感覚**とは、化学物質が刺激になって生じる**嗅覚**と**味覚**の総称である。嗅覚は気体の状態の化学物質を受容したときに生じる感覚なので、遠隔化学感覚とも呼ばれる。一方、味覚は液体または水溶状態にある化学物質に接触したときに生じる感覚なので、接触化学感覚とも呼ばれる。

（3）○　**温度感覚**とは、温度刺激の受容によって起こる感覚をいい、**温覚**と**冷覚**の2種に区別される。このうち、皮膚や粘膜などの当該局所の温度より高い温度刺激に対して感じるものを温覚といい、同じく低い温度に対して感じるものを冷覚という。温度感覚を感じる場所は外表上に、温点、冷点として点状に分布しているが、その分布密度は、**冷点のほうが温点より2〜10倍も大きい**。

（4）×　深部感覚とは、位置覚、運動覚、抵抗覚、重量覚により、身体の各部分の位置、運動の状態、身体に加わる抵抗、**重量**を感知する感覚である。なお、内臓の動きや炎症などを感じて、内臓痛を認識する感覚は内臓痛覚である。

（5）○　中耳の鼓膜の奥には**鼓室**があり、鼓室は耳管で咽頭とつながっている。鼓膜の内外が同じ圧でないと、鼓膜がうまく振動しないため、鼓室の内圧は外気圧と等しく保たれている。

問28　抗体
正解（4）

　抗体とは、体内に入ってきた A 抗原 に対して B 体液性 免疫において作られる C 免疫グロブリン と呼ばれる蛋白質のことで、 A 抗原 に特異的に結合し、 A 抗原 の働きを抑える働きがある。

　したがって、正しい組合せは（4）である。

問29　代謝
正解（3）

(1) ×　代謝において、細胞に取り入れられた体脂肪やグリコーゲンなどが分解されてエネルギーを発生し、**ATP** が合成されることを**異化**という。

(2) ×　代謝において、体内に摂取された栄養素が、種々の化学反応によって、**ATP** に蓄えられたエネルギーを用いて、細胞を構成する蛋白質などの生体に必要な物質に合成されることを**同化**という。

(3) ○　基礎代謝は、心臓の拍動、呼吸運動、体温保持などに必要な代謝で、**基礎代謝量**は、**覚醒**した状態で**横臥**、**安静時**の測定値で表される。

(4) ×　エネルギー代謝率は、（**活動時の代謝量**）÷（**基礎代謝量**）で表される。

(5) ×　エネルギー代謝率の値は、体格、性別などの個人差による影響は少なく、同じ作業であれば、ほぼ同じ値となるので、作業の強度をよく表すことができる。しかし、**精神的作業や感覚的作業**のように、エネルギーを消費しない作業の強度を表す指標としては用いることができない。

問30　筋肉
正解（5）

(1) ×　筋肉は、**横紋筋**と**平滑筋**の2つに大別される。大部分の横紋筋は意志によって動かすことができ

る筋肉（随意筋）であり、平滑筋は意志によって動かすことができない筋肉（不随意筋）である。しかし、横紋筋の一種である**心筋**は、例外的に、意志によって動かすことができない。よって、誤り。

(2) ×　筋肉も神経も**酸素不足**で疲労するが、**筋肉の方が疲労しやすい**。

(3) ×　荷物を持ち上げたり、屈伸運動を行うときは、筋肉の張力と負荷が釣り合いながら短縮したり伸張したりする状態である。これを**等張性収縮**という。**等尺性収縮**は筋肉がその長さを変えずに筋力を発生させている状態をいう。手で荷物を同じ位置で持ち続けたり、鉄棒にぶら下がった状態で生じる。

(4) ×　負荷のかかる運動を行うと、筋線維に微細な損傷が発生するが適度な休息及び栄養補給で筋線維が修復される。このとき筋線維が肥大し、運動前より大きな力を発揮できるようになる。これを筋肉の**活動性肥大**という。筋線維の数が増えるのではなく、**筋線維の太さが変わる**。

(5) ○　筋肉自体が収縮して出す**最大筋力**は、筋肉の単位断面積当たりの平均値でみると、性差又は年齢差がほとんどない。なお、最大筋力は、1回で持ち上げることのできる最大重量によって測定する。

試験に関する問い合わせ先

公益財団法人 安全衛生技術試験協会 〒 101-0065 東京都千代田区西神田 3-8-1 千代田ファーストビル東館 9 階 TEL：03（5275）1088 https://www.exam.or.jp/	○北海道安全衛生技術センター 〒 061-1407 北海道恵庭市黄金北 3-13 TEL：0123（34）1171 https://www.hokkai.exam.or.jp/
○東北安全衛生技術センター 〒 989-2427 宮城県岩沼市里の杜 1-1-15 TEL：0223（23）3181 https://www.tohoku.exam.or.jp/	○関東安全衛生技術センター 〒 290-0011 千葉県市原市能満 2089 TEL：0436（75）1141 https://www.kanto.exam.or.jp/
○中部安全衛生技術センター 〒 477-0032 愛知県東海市加木屋町丑寅海戸 51-5 TEL：0562（33）1161 https://www.chubu.exam.or.jp/	○近畿安全衛生技術センター 〒 675-0007 兵庫県加古川市神野町西之山字迎野 TEL：079（438）8481 https://www.kinki.exam.or.jp/
○中国四国安全衛生技術センター 〒 721-0955 広島県福山市新涯町 2-29-36 TEL：084（954）4661 https://www.chushi.exam.or.jp/	○九州安全衛生技術センター 〒 839-0809 福岡県久留米市東合川 5-9-3 TEL：0942（43）3381 https://www.kyushu.exam.or.jp/

※矢印の方向に引くと解答・解説編が取り外せます。